仙道鍊金術

房中法

序　言

仙道修行中，有一個領域是房中術。這是利用性鑽研仙道修行的技法。它的歷史相當久遠，而記載其技法的各種文物書類也傳承後世。

譬如房中術的著作《素女經》《素女方》《玉房秘訣》《玉房指要》《洞玄子》《天地陰陽交歡大樂賦》，以及金丹仙道的著作《三峰丹訣》《玄微心印》等，幾乎不勝枚舉。

而近年從湖南省長沙的馬王堆中，也出土房中術的著作，如《十問》《合陰陽》《天下至道談》等竹簡本。

在古代似乎有更多這類著作。譬如，記載漢代歷史的《漢書·藝文誌》中的「方技略」也有「房中八家」的章名，共有《容成陰道》二十六卷、《務成子陰道》三十六卷、《堯舜陰道》二十三卷、《湯盤庚陰道》二十卷、《天老雜子陰道》二十卷、《天一陰道》二十四卷、《黃帝三王養陽方》二十卷、《三家內房有子方》十七卷等。

而房中術，或許是以性為名的用詞惹禍（所幸？）出現無人理會仙道修行，只把它當做性愛技巧的傾向。正統本家的中國已是如此景況，對仙道一無所知的日本更不在話下。

就連我在修行仙道之初，也認為房中術就是性愛技巧。因為以真誠的仙道修行（！）的內功看來，它雖具有魅力，卻令人覺得淫穢而隨便。

但是自從真正對仙道開始有所瞭解之後，才發現這是極荒唐的誤解。房中術絕非性愛技巧。尤其是深奧的房中術，包含著仙道的起源、仙道的存在理由及隱藏的真正技法等有關仙道真髓的內容，甚至與秘教瑜伽、西洋鍊金術等其他神秘行的領域密切相連。

它的世界精湛而深奧。能夠涉足此世界的人，也許能掌握神秘行奧義、瞭解生命本質，變成所有一切無師自通的達人。

不過，除了正統學習仙道的古代中國人之外，以我們現代人而言，即使是中國人，能夠能夠瞭解者也微乎極微如滄海一粟。當然縱觀古今中外，也沒有一本足以簡便而輕易習得其中精髓的著作。

就連筆者經由二十多年的光陰窮究仙道奧秘，直到數年前仍然無法揭開其神秘面紗。

當然，持續不斷地研究、實踐仙道之後，多少也有片段性的掌握。但是，其真髓尚無法獲得理解。更無法想像房中術遠超過仙道，是一切神秘行根源的事實。

而我對於這個不明所以的房中術，不知何故竟然從某時期開始漸漸發現其端倪，某日那令人驚訝的體系突然具體成形地湧現於思緒中。同時，也親眼見證到真正的房中術其實和性毫無關係，這個令人驚訝的事實。有關這一點，本書會大筆詳談。

接著所要寫的是，我所掌握的房中術的本質，以及在訓練上的各種秘傳技法。希望各位也能體驗其真髓。

目錄

序言……三
第一章　中國仙道的懸疑部分・房中術……一一
不做房中術的房中術之謎……一二
女仙人——太陽女的房中術……一六
《老子道德經》是房中術的著作？……二三
古代超級女郎太玄女的神奇方術……二五
修練房中術會出現女神仙？……二九
西王母傳授漢武帝房中術？……三五

第二章　房中術撲朔迷離的實態與訓練法……三九

房中術由三種不同的事物構成……四〇
一般的房中術只會損壞身體毫無效果？……四四
房中術依年齡而區分……四七
房中術對象的選法採反比例式年齡法……五三
南派又分清淨派與陰陽雙修派……五九
南派陰陽雙修法（初級功）　隔體神交第一階段技法……六四
陸西星與李西月轉世之謎　結合東派與西派的奇妙系譜……六九
東派陰陽雙修法（中級功）　隔體神交第二階段技法……七四
神奇仙人劉海蟾與具有最高秘傳的陰陽雙修法之青城派……八一
青城派陰陽雙修法（上級功）　隔體神交第三階段技法……八三

第三章　西洋鍊金術揭開房中術仙道之謎……九三
房中術的秘密在於西洋鍊金術……九四
由男性原理與女性原理所創造的玄奧黃金……九九
仙道的內丹法是源自煉丹術與房中術的融合……一〇四
神秘作業的準備……一〇八
人體有大量的材料洩漏……一一六
撮合龍與虎結婚的黃媒婆……一二二
第四章　男性、女性原理的合一與煉丹的神秘色發現……一三五
黑化、白化、赤化等三個神秘色的出現……一三六
三個閃光告知不老不死仙藥的出現……一四四
小藥與大藥相當於鍊金術的製銀與製金之差……一五〇
《老子道德經》的神秘經驗乃內丹完成的過程……一五五
仙道的不老不死金丹和鍊金術的賢者之石幾近驚訝地一致……一六二

男性與女性同時具現的現代鍊金術師富爾卡內利……………一六八

第五章　陰陽雙修法房中術的最奧義……………一七五

從虛空出現仙人、仙女傳授仙道是某種真實……………一七六
榮格的奇妙學說……歌德也目睹元型印象造成的超常現象……………一八四
從心靈世界躍入塵俗，開導眾人的阿尼姆斯（男性原理）……………一九一
自己內在的女性原理阿尼瑪創造了魔術及深奧的智慧……………一九六
女性原理與男性原理不為人知的作用……………二〇五
執迷於程度低的阿尼瑪或假的女性原理時，必招來致命的危險……………二一七
真正的房中術仙道所闡明的謎團階段……………二二五

後　序……………二三五

第一章

中國仙道的懸疑部分——房中術

不做房中術的房中術之謎

房中術一般而言，據說是古代中國的皇帝、高官、富豪等上流階級的閨房技巧發達而成。換言之，傳聞是出自追求性愛快樂並學習仙道的一舉二得構想。

但是，根據我個人的調查，這純屬無稽之談。房中術並未發達，反之因這些人而墮落。

根本無意學習仙道的這些人，把閨房技巧與房中術的技法完全弄錯，硬把房中術當做閨房技巧來使用。結果，由性愛技巧構成的奇妙體系，儼然仙道房中術一樣，牢牢地在全中國滋長蔓延。

房中術本來並非今日人們印象中的淫亂、頹廢。反之，遠比我們所想像地更爲健全而神秘。

只要我們一一解開附著在房中術上的懸疑，就能明白其中的證據。本書將爲各位解開這個謎底，並帶領各位進入一般人未曾目睹的神秘行世界。

首先，從房中術的第一謎開始。房中術的第一謎是，男女肉體完全不交合的房中術。嚴格而言，甚至禁止脫衣。譬如，以下的情況。

①所謂離形交合。（明・陸西星著《金丹就正篇》後序）

②神交體不交，氣文形不交。

③男不寬衣，女不解帶。

④敬如神明，愛如父母，寂然不動，感而遂通。

⑤敬之如母，畏之如虎。（②～⑤明・孫汝忠著《金丹真傳》）

這是房中術仙道中極具知名的東派著作中，所記載的房中術技巧的主要部分。

從這些內容看來，根本稱不上房中術，但有一個足以證明其爲房中術的有力證據。

因爲列舉如此謹嚴篤實的條件，還詳細列出房中術特有的條件。如要求對方女性（以鼎稱之＝容器的隱語）的年齡或容貌，以及從女性身上採取氣（或稱奪取）的時間等。

首先，據說對象女性的年齡最好在十四歲到十六歲間。

「五千四百生黃道，或五千零四十八日。」

這是以日計算，換成年則在十二、十三歲間。換言之，最好的對象是這個年齡的女性。因爲尚未來潮（目前更早）。據說來潮後，氣會散失而無法吸取良質之氣。

「鼎（女性）用二七、三五、二八者，方爲聖靈。一過四七則鼎舊藥虧。」（《古本周易參同契集注》）

二七即14歲、三五即15歲、二八即16歲左右。過了四七28歲，已無法當做容器（對象），據說過於老舊無法採藥。這是指陽氣（精力）。

其次，記載著理想對象的肉體條件。

譬如，在趙兩弼、喻太眞等著《玄微心印》一書中，有所謂的四美。

「顏色紅色、骨肉均停、膚嫩髮黑」——臉頰紅潤、體態勻稱、皮膚柔嫩、頭髮烏黑。

「言語響亮」——言詞清晰明亮、聲音透澈。

「目睛黑白分明」——眼睛的瞳孔與白目一清二楚。

「齒牙瑩潔」——牙齒漂亮、潔淨。

接著提到五病。這是不理想對象的條件。內容有許多不宜公開之處，若有興趣者請自我解釋。

一曰螺——為陰旋

二曰石——爐道堅

三曰角——花頭為尖

四曰腋——腋有狐氣

五曰脈——經期先後

最後是記載從這些女性身上採取陽氣的時期。

「三十時辰二日半、採取只在一時辰」（純陽祖師著《採金歌》）

它的意思是，月經後的第二日半是最佳的採取時期，時間只有二個鐘頭。

綜合上述的說明，我們發現文後和文初非房中術的記載正好相反，它詳細的披露純房中術的記述。

那麼，這到底是什麼？這個世界上難道有衣冠整齊、男女不互相擁抱的房中術嗎？

一再地追究這個謎底時，結果如電光火石般突然湧現我們未曾見過、神秘仙道行的技法。有關這一點，將在第二章連同詳細的技法爲各位說明。

女仙人——太陽女的房中術

房中術之謎的第二點是，賢淑貞節的女性竟然積極地學習此道。年輕聰明的女性，難道只爲成爲仙人而跟著師匠學習那麼淫穢的技法嗎？而且這些師匠通常是男性。

有關這問題，有幾個例子可尋，在此只以二、三爲例說明。

首先是，東晉・葛洪著《神仙傳》中的太陽女——朱翼這位女仙的故事。

她實踐五行之道，加思增益，確實快速而準確，甚至掌握精奧之處。五行之道指陰陽五行，是房中術的暗語。陰陽卽正負，意指男女。

據說太陽女年屆二八〇歲，依然青春貌美未曾衰老。其模樣是……。色如桃花、口如含丹、髮眉烏黑如黑墨、肌膚柔嫩光澤，其美有如十七、十八歲之處女。

據說她拜絕洞子仙人爲師，絕洞子命太陽女完成仙丹後取得仙丹吞服後升天。

根據其他著作所言，她是從絕洞子李修身上學得「寅龍申虎之術」。既非動物眞名也非十二支，而是不明所以的龍虎雜陳，其實它是房中術的變名。

那麼，既然李修是男仙人，太陽女是否從他身上習得性愛技法？關係並非夫婦的二人，再怎麼爲了鑽研求道，也不可能這麼積極地鑽研這些伎倆吧？

確實如此。這些道術並不那麼單純，可以和後世淫亂的房中術相提並論。其秘密是在於其中所出現的龍或虎等字眼。這是和一般所謂的房中術大不相同之神秘階段的仙道所使用的語詞，只要窮究其涵義，必可發現與性愛技法完全不同、景況天壤之別的房中術。它起源於古代的煉丹術，其名爲內功。

另舉一例。

太陽女之外，另有一名女仙人叫太陰女。此人的本名叫盧全（或嬴金）。她天生聰明，具有驚人的智慧。喜好王子（又名玉子）的仙人術，自己鑽研該技法到相當的程度。但一心渴望窮究更深奧的仙術，因而時常唉嘆找不到優秀的師匠。

太陰女平常會到街上賣酒，爲的是找到足以拜師學藝的師匠。但歷經數年，並沒有碰見理想中的人物。

有一天，仙人太陽子路過該處。在她所擺的酒攤上喝一杯。這個人外表看來禮儀端正，談吐也極其優雅。

太陽子一邊喝酒一邊嘆息地說：

「彼行白虎騰蛇，我行青龍玄武，天下悠悠，知者爲誰。」

這番嘆息聽得一般凡人如置五里霧中，但太陰女是女仙人，雖敗絮其外乃金玉其中。一聽此言了然於胸，內心大爲欣喜地說：

「客官，容小女一問？」

太陰女的待客之道確實有其在風月場所打滾的絕妙之處。不過，不愧是仙人

賣酒的太陰女（上）與成為其師匠的太陽子（下）。

提出的問題，一般凡人根本搞不清楚其所以然。

「泥土的數目有多少？」

這是什麼問題！不僅煞風景，就連其意有所指之處，凡人也無從而知。

但是，太陽子也非簡單人物，同樣用千奇百怪的答案回這個問題。

「不知也，但南三、北五、東九、西七、中一耳。」

太陰女一聽更爲欣喜，說道：

「客官乃賢者。至德道之人。聞一已知十。」

如此意氣投合的太陰女招待太陽子到自宅，特地盛宴招待，感激不已的太陽子竟說出一般人不明所以的話來：

「吾二人共爲侍奉天帝之朝，俱飲神光之水，將成王子之道之第一人者。體中有五行至寶，智慧之輝乃其母胎，絕不吝惜付出。」

總之，房中術系的仙人所言之詞，總隱藏著玄機與奧秘，常爲其意義與解釋費盡心思。

後來，太陽子傳授道要與煉丹之法給太陰女。不久，太陰女煉就仙丹，吞服後成爲眞正仙人。據說二百歲之後，容貌不改，青春猶如少女——。

以上是太陰女的故事。到底這個故事中何處涉及房中術呢？誠如各位所見，毫無這樣的氣氛。

但是，其中確實有足以證明其爲房中術的部分。那是文後出現的「太陽子傳授道要與……」這一段。

所謂「道要」是指仙人容成公（容成子）所傳授的技法，別名「補要術」或「御女術」。據說他是利用此術從女性身上採取氣，達到不老不死的狀態。此乃典型房中術的技法。

不過，整體而言充滿著玄奧的語詞，毫無房中術的淫穢，其原因在於「煉丹之法」。所謂煉丹之法，是從水銀或鉛製作不老不死金丹的技法，和西洋的鍊金術極爲相似。

老實說，能夠一起傳授這兩種技法，正暗示超越一般所謂房中術的神秘房中術之存在。南三、北五、東九、西七這類不知所以的言詞，並非性愛技法，而暗示了這類神秘行的技法。第三章將做明確的說明。

《老子道德經》是房中術的著作？

房中術之謎的第三點是，有一令人驚訝之說指出，艱深難解的哲學書《老子道德經》實質上是房中術的著作。

造成這個聯想的是前述的容成公之術。我們從《列仙傳》中引用他的故事。

「容成公者，自稱黃帝師，見於周穆王，能善輔導之事。取精於玄牝，其要谷神不死，守生養氣者也。髮白更黑，齒落更生。事與老子同，亦云老子師也。（**劉向著《列仙傳》卷上・容成公**）

而「谷神不死」正是出於著名的《老子道德經》第六章的詞句。

「谷神不死，是謂玄牝。玄牝之門，是謂天地根。綿綿若存，用之不勤。」（《老子道德經》第六章）。

若是容成公的話語，則變成敍述房中術的技巧。換言之，變成以下的解釋。

①專精補導之技法→駕馭女子。

利用房中術的技法而到達不老不死狀態的容成公。他的房中術異於一般常識下的房中術，更具神秘感。

②玄牝取精→從神秘的女性採精。

有關此說，有較多的疑似證據，其中根據這個構想甚至出現《老子道德經》的注釋本。譬如，東漢・張陵著《老子想爾注》中，將玄牝解釋爲女性，玄牝之門則爲生殖器。

至於谷神，有些版本將谷寫成浴，可更換爲欲，而神則解釋爲不漏精氣。換言之，谷神的意義是注意不漏精液。

而天地根，也是以令世間房中家們欣然接納的語意描述，天根指的是男性器，地根則爲女性器。總之，《老子想爾注》主張第六章全篇所記載的是房中術男女契合之法。

那麼，《老子道德經》果眞是以性趣爲本位的房中術嗎？我個人認爲這是極端的解釋，其實它是遠超過神秘階段技法的房中術之房中術。

如果試著以前述容成公的方式做注解，第六章的內容如下。

「谷神不死，是謂玄牝……」

「訓練（谷）意識（神）則不死。此稱爲神秘的母體功能……」

一般人很難理解如此玄妙的說明，其實此非一般所稱的房中術，而是說明鍛鍊丹法仙道必能獲得深奧而具經驗感覺的世界。

換言之，我想高聲疾呼的是，從初淺的房中術到相當深奧的房中術所涵蓋的一切，乃是《老子道德經》中所記載的世界。有關這一點，會在第三章的最後做詳細的說明。

古代超級女郎太玄女的神奇方術

在房中術之謎的第四點是，習得房中術的仙人具有超能力。性能力增強自不在話下，但具有超能力倒始料未及。不過，某本書有這樣的記載。

與記載古代仙人故事的《列仙傳》性質類似的是《神仙傳》。《列仙傳》是學者劉向的著作，而後者則是仙人葛洪的著作。因此，內容上更具夢幻性與衝擊性。

《神仙傳》中有一則女仙太玄女顓和的故事。這位女仙人在仙人史中也許是首屈一指的女性術者。以下就爲各位介紹其精彩之處。

太玄女早年喪父。有一天，一名從事占卜的友人看見其母子，不禁慨然說：「二人都難以長命百歲。」聽聞此言的太玄女覺得人活在世上，一旦死去就不能復生。何況聽說壽限短促，不修行就不可長。唯有立志於仙道才是唯一拯救，因而熱心於鑽研玉子術。

她修行僅幾年，鑽研之功奏效，已練就入水不濕、在酷寒中躺臥寒冰上也無所畏懼的狀態。可以控制自己身體的熱量，且能持續數日。

從這時開始，她已有神奇的能力。譬如，可用一根手指輕易地消除某棟建築物或一處街角。在一般人的眼中，簡直是不可能的事，但她只要凝聚意志用手一指，被指中的對象隨卽消逝無蹤，而再次用手指一指，又恢復原狀。

因此，任何大門或金庫卽使有重重的鑰匙設防，也無濟無事。只要她的手指一動，隨著嘎的響聲門鎖自動打開……。

太玄女時常帶弟子上山。常行腳過度而碰到日暮黃昏。這時，她用手上的拐杖朝隨處的大石頭一敲。

修得玉子術而有靈異能力的太玄女。

弟子們一看，何其神妙地這塊石頭彷彿自動門般地打開。再探頭一看，裡面竟然是非常豪華的房間。椅子、桌子、床鋪、廚房等無一不有。非但如此，甚至不知何人已準備好酒菜。

如此，太玄女與弟子從容不迫地度過一晚。

山內的住宿全是這種景況，不拘場所。總之，只要敲打中意的大石頭，自然有一道門打開，房中有一間房屋，任何家具用品、酒菜都已準備妥當……。

出現在太玄女這則故事中，最重

要的是「唯有立志於仙道才是唯一拯救，而熱心鑽研玉子術」這段敍述。

其原文是「喜心求道、得玉子之術」。而其結果是「入水不濡，盛寒之時，單衣行水上，而顏色不變，身體溫暖。」之類奇妙的景況。

在此暫且不提方術的內容，問題在於玉子。因爲玉子是前述太陰女的故事中也出現的人物。此人物根據某些版本，也稱爲王子或王子喬。正是前述的王子本人。

根據《墉城集仙錄》所言，玉子乃太陽子（名為禹明）之友。不過，以仙道的才能而言，王子遠在太陽子之上，二人雖爲朋友，但太陽子實則爲玉子的弟子。據說玉子擁有三千名弟子，似乎是位相當了不起的人物。

有如解謎般地，在此理出玉子→太玄女、玉子→太陽子→太陰女的脈絡，串連出一個關係。由於太陽子系統既是房中術，玉子→太玄女的系統也是房中術。

總之，變成男師父傳授女弟子淫穢無恥房中術（？）的圖式。

但是，我們看太玄女的故事，頗令人不以爲然。難道只習得淫亂的男女交合技法，就能發揮如此驚人的方術？而且太玄女是女性，我們難以想像。女人會爲了擁有如此玄妙的能力，刻意學習污穢的方術。因此，玉子術雖是房中術，卻遠超乎我們所想像吧。

修練房中術會出現女神仙？

房中術之謎的第五點是，仙女傳授秘法的故事。

自古以來，中國傳承著一心一意追求仙道時，某日會出現神仙親授秘傳的故事。多數仙道門派的開祖，據說都是以這個方式接受秘傳而創下門派。但是，鑽研房中術時，所出現的竟然是女神仙。

西王母是中國神話和中國民間信仰的女神，也是道教的女仙。根據上古巫書《山海經》記載，西王母其狀如人，但又長相奇特，以豹尾虎齒且善嘯的形象出現。

西王母正是其代表。據說祂住在崑崙山上的瑤池，也稱爲瑤池金母，和東王公相對應，支配一切的女仙。

瑤池金母又稱王母娘娘，在民間傳說中，祂是玉皇上帝的正宮娘娘。根據道教的神仙譜系來看，祂是衆女仙的總首領，名爲西王母，號九靈太妙龜山金母，又號太虛九光龜台金母。

以現代而言這純屬虛構故事，但正統的鍛鍊房中術，據說確實可能出現這種現象。只有性交技法的房中術，果眞具有如此神秘的效果？總之，接著從《漢武內傳》或《漢武故事》等著作中，摘要精華爲各位介紹其來龍去脈。

漢武帝極好仙道。在各地名山、湖泊舉行盛大祭典，祈求習得神仙之道。

聽聞此事的西王母心生感佩，於是派遣侍者前往。侍者騎白鹿來到武帝跟前告曰：「王母娘娘不久降臨。」

因此，武帝在承華殿恭候來訪。

七月七日之夜，當水鐘（水時鐘）指向七刻之時，突然湧起一片紫雲，乘雲駕霧的西王母忽然出現而緩緩降落於宮殿的西側。接著朝向南方穩坐於西方角落。

頭上裝飾著西王母的註册商標——七勝（參照圖）。而且四處籠罩著青氣，

傳聞住在崑崙山的女神──西王母。人稱支配所有女仙，傳授秘傳給勵行仙道修行者。右上角圓內的標緻，是裝飾於西王母頭上的註冊商標──七勝。

有如雲層覆蓋一般。西王母的身側有三隻如烏鴉般大的奇妙青鳥。

而西王母所在之處，附近只點著九個微弱的燈光。

武帝朝東坐在西側。不久，西王母取出七顆桃子。此桃和石猴——孫悟空所盜食的蟠桃園之桃一模一樣。

桃如彈丸大，但和現今的子彈不同。是古昔使用於弓箭（弩？）尺寸略大的彈丸。西王母把五顆桃子遞給武帝，叫他吃。而西王母自己則吃了兩顆桃。

武帝吃完桃後，立即將桃的種子放在膝蓋前。看此情景的西王母問他：

「留下桃之種，意欲爲何？」

武帝回答曰：

「此桃過於甘美，欲栽種之。」

聞此言的西王母笑曰：

「此桃三千年只結一次果。」

既非神仙的漢武帝，即使栽種桃種，等到結成果實之際，根本無法享受美食。

這時房間內只有漢武帝與西王母二人，其他人一概禁止入室。但有一名叫東方朔的人，從朱鳥之窗不停地窺視裏面的景況。西王母立卽察覺，朝武帝說：

「有一名小人從此窗偷窺。昔曾三次從我處盜取蟠桃之不肖者。」

盜取西王母之蟠桃者，似乎並不只天界大王孫悟空一人。心懷不軌之徒比比皆是。

總之，聽聞此言的武帝大爲吃驚。而此後世人也將東方朔稱爲神仙（《博物誌》卷三）。

後來，武帝想詢問西王母有關仙道的技法，但其居心被一眼看穿而希望落空。負責此項任務的是仙女——上元夫人。

上元夫人，小名阿環，傳說是西王母的小女，三天眞皇之母。任上元之官，統領十方玉女名錄。

西王母召喚紫蘭室貼身侍女郭密香，命令她迎接上元夫人前來。

「劉（武帝之姓）是否曾經喜好仙道，上元夫人一來卽可揭曉。暫時讓夫人前來這裡。」

武帝一聽插嘴問道：

「上元是何方神仙？」

西王母答曰：

「她是三天眞皇之母，位居統率一切之尊（其它版本記載為玉女……仙女？統率三千者）。跟隨上元之官而有此稱呼。」

如此交談之間，騎在麒麟上的夫人現身了。身著青色圓點裝飾的衣裳，頭綁三個髮髻。其餘的頭髮垂下身來及腰。

武帝一見深躬做揖地迎接。夫人看見武帝後問：

「汝好仙道否？値得讚許。但一望所見，汝性質粗鄙、奢華，對人嚴酷、奪取他人之物，且生性淫亂。當此五項存於榮衛（指經絡的管道、氣之狀態），縱然延聘諸多方士（仙人）祈求長生也無濟於事。」

武帝幾乎是被罵得體無完膚，但上元夫人也許多少心生憐憫，傳授其「靈飛十二事」之後拂袖離去。

根據《漢武內傳》，這個部分所記載的是西王母直接對武帝說：「說養生之要訣……教喩元始天王告示之技法的要領。」當西王母正要打道回府時，由於武帝殷勤相留，因而叫上官夫人前來。而在《漢武故事》的版本中，記載的是，當武帝詢問不老長生之道時，西王母直接告知：「汝尙難離情慾，難也。」

而相當於最後的「靈飛十二事」的《漢武故事》，文中寫到西王母授予武帝「五嶽眞形圖」（標示仙界五山之圖，應用於內宇宙技法），而上元夫人則傳授靈示仙道秘訣的「五帝六甲左右靈飛十二事」。總之，「靈飛十二事」所指爲何，並未再詳述，但從「靈示仙道之秘訣」的記載看來，似乎是某種技法集。

但最後的結果是，雖然武帝獲得眞傳卻不謹言愼行，結果天降大禍將秘傳書燒燬殆盡，武帝的仙道修行半途而廢。

西王母傳授漢武帝房中術？

若根據上述的記載，武帝到底是獲得仙道技法的眞傳，或只是一般的房中術，則不得而知。但從下面各點看來，後者的可能性提高。因爲在《漢武故事》之後的記述，完全與房中術相關。

其中之一是，武帝「喜好容成之術、信奉陰陽之書」的記述。容成卽房中仙人容成公。而陰陽在仙道中一般是指男女。後來的房中術又名陰陽雙修。

其二是，「武帝可三日不進食，但一刻也不能沒有女性。……同時，擅長導養之術。」這段文章中的導養之術，指前述的補導之術。

第三個佐證的敍述是，「武帝之妻鉤翼夫人詳解皇帝素女之術」。根據《列仙傳》記載：鉤翼夫人，姓趙，少好淸淨。病臥六年，右手卷，飮食少。漢武帝時，望氣者云東北有貴人氣，推而得之，召到。姿色甚偉，武帝發其手而得玉鉤，手得展。是生下武帝繼承人昭帝之女，據說是名符其實的仙人。

「……生下昭帝後，被武帝猜疑而賜死，其屍體一個月後仍然散發芳香毫不腐壞。……後來兒子昭帝卽位，打算重新埋葬屍體時，棺木中已無屍體，只剩一雙鞋子。」（《列仙傳》卷下・鉤翼夫人）

這是仙道中所謂的「屍解」，是仙人們慣常使用的手法。而皇帝素女中的皇帝，所指乃是黃帝，素女則出現在最早的房中術《素女經》書中。所指是房中

祈求習得神仙之道的漢武帝，可能體驗過眼前出現西王母，親眼目睹房中術的神秘效果。

術的一派或記載其技法的書。

完全投入於房中術的武帝，根本不可能會向西王母詢問，與房中術毫無相關的技法。

但從文面只看到神秘而認眞的仙道樣態。這裡正是重點所在，換言之，我想說的是，刻意請出西王母而詢問秘傳的房中術，事實上並非後世所謂的性愛房中術。相反地，西王母的出現正是房中術的神秘效果之一。

各位也許不信，但這卻是事實。

一旦認眞實行房中術（或一般仙道）確實會出現這類奇妙的現象。難道各位以爲，只有性愛技法的世俗眼中之房中術，果眞有這番能耐嗎？從這些事實，令我不禁大聲疾呼：眞正的房中術是極其神秘而不可思議的。有關這一點，將在第四章闡明其實態與技法。

總之，希望各位也能充分專精於如夢似幻般的房中術世界。保證各位將因此而消滅以往腦海中所抱有的、程度低劣的房中術之印象，同時親眼目睹深奧而令人難以置信的眞正房中術世界之湧現。

第二章

房中術撲朔迷離的實態與訓練法

房中術由三種不同的事物構成

本章將進入房中術的訓練，但之前我想稍微針對第一章所論及的房中術眞貌，再做一些說明。

房中術，從現代性科學的觀點來看，主要包含有關性的常識、性技巧、性功能障礙治療與受孕等方面，同時它又不侷限於性，而是把性與氣功、養生結合在一起，和追求長生不老或延年益壽結合在一起。

所謂房中術，通常稱爲房室養生的技巧，或名房術、陰道、黃赤之道、玄素之道、混氣之法或男女合氣之術。若用世俗的說法，極爲簡單，即利用性的仙道。更粗淺地說，則是利用性的健康法。這全是世俗人眼中的房中術定義。

但是，若以正統仙道的立場而言，可非如此簡單。因爲房中術至少可劃分爲三個不同的體系。其中之一完全不需男女性的結合，更不必赤身露體。這個說詞會令一般人感到困惑，因此，在此先針對這一點做說明。

首先，房中術從其接觸的型態，可分爲體交與神交。

體交法房中術

所謂體交是藉由肉體接觸的房中術。亦即世俗眼中所謂的房中術。

當然，並非有肉體接觸卽是房中術。肉體接觸的男女雙方之間，必須有氣的交通往來。唯有氣的交通往來，才構成仙道的房中術。除卻氣的溝通之房中術，純屬性技法而已。

而體交又分爲兩種，其一稱爲御女採戰；另一則單純稱爲房中術。這是相較於先前所提的房中術（廣義的房中術），稱爲狹義的房中術。

中國這方面的專門書，針對體交的兩種差異，做以下的記述。

①御女採戰

這是一般所稱的三峰採戰。據說是傳承於南北朝先人張三豐。

男修行者利用房中術從對象女性身上奪取氣，因而男方蒙受極大的利益，但被奪取氣的女性身體嚴重地受損。因此，必須有數名年輕又健康的女性。

藉由肉體接觸進行氣之交融的狹義房中術

由於此法為求目的而心懷不軌，因而有許多惡言中傷。譬如，背地裡被稱為三峰邪說或邪術，更嚴重的是被指責為「泥水金丹」。亦即用汚泥水做成的仙道藥丹。姑且不論其效果如何，倒是惡名昭彰。

②（狹義的）房中術

男女雙方利用肉體接觸，彼此採取、輸送氣。藉此謀求互相氣的溝通。不過，條件是雙方都不可洩漏精氣才能達到效果。如果每一次的性交都洩漏精氣，則非仙道所稱的房中術。如果要領得當，彼此能獲得利益，主要進行於夫婦之間。古代中國最廣泛盛行的就是這種房中術。

以上大致是體交的實態。接著來談神交。

神交法房中術

所謂神交是利用意識進行氣的交合。此房中術的最大特徵在於肉體不接觸。此派（其實有許多分派）的主張不一而足，但全是意指房中術的內容。

「利用女性，絕不接觸女體。」

「男不寬衣，女不解帶。」

換言之，男性絕不可脫衣，女性不可鬆開衣帶。

同時，面對女性必須「敬如神明，愛如父母」。

換言之，實踐這項技法時，必須衣冠整齊，「對對方不可有絲毫淫念，心懷嚴肅誠實，彼此分離靜坐、對面相視。」僅以雙方的意念來交感。

也許有人懷疑這是否是房中術，但它卻是如假包換的房中術。

因爲誠如前述，必須遵守房中術特有的約定事項，如對象女性的年齡在幾歲之間、容貌如何、身體狀態如何，以及採取女性之氣時必須在生理數天後等。這個基準正是三峰採戰或狹義房中術所使用的基準。爾後在說明技法之際，會在不礙觀瞻的範圍內做介紹。

同時，它之所以稱得上是房中術，是男女雙方之間有氣的溝通。相反地，比起只注重性愛技法而疏忽氣交流的體交派房中術，確實有男女之間氣的交融。

當然，練習此法的人，厭惡房中術＝淫誨的性愛技巧的惡評，自稱為清修而言的「陰陽雙修法」。

一般的房中術只會損壞身體毫無效果？

從上述說明，所謂房中術有體交與神交之別。

那麼，進行這兩種（正確而言有三種）方法時，有何利益呢？同時，會造成何種損失？有關這個問題再做一些說明。因為我們無法否定實行後有意外結果發生的可能。

《衡岳眞人評術》一書中，詳細記載其間的利害得失。

神交法

最上乘法 互相修行互得利益，彼此分離卻互相補氣。

上乘法 即使一起修行也不損壞到對方身體，並能獲得各自利益，十足地奪取對方之氣。

體交法（房中術與御女採戰）

中乘法 即使偶而損害到對方，卻能獲得自己所接觸後的利益。有意損害對方，獲得自身利益。

下乘法 損害對方也無法奪取氣。雖已傷害他人，自身卻毫無利益。

最下乘法 一起修行而彼此損害身體。雖然各自採氣卻互相傷害身體。同樣落得精疲力倦。

根據上述說法，並不單純因體交或神交之不同而有利害得失，其中也有優劣之別，帶來效果的不同。

以神交的情況而言，不論手法優（最上乘法）劣（上乘法）與否，不會對自身帶來損害，但體交卽使是最高明的方法（中乘法），只有自身獲得利益，若行之不當（下乘法、最下乘法），男女雙方都會損傷身體。

爲何有如此情況？原因是體交爲雙方赤身露體的性交，當沉醉於性的愉悅（漏精）中，往往疏忽雙方氣的交融。

但有些人也許認爲只要懂得其中的技法，絕對有自信。譬如，在性交中自己守住精氣，腦中一味地想著從對方身上奪取氣。以房中術而言，這種做法也許是成功的，但卻沒有任何性交的歡愉與享受。

這正是體交法房中術的矛盾點。一味追求性愛的歡愉，則失去房中術的效果，反之，只講究房中術的效果，則失去性愛的快樂……。有如利刃雖可防身卻也會傷人。

當然，古代仙人已克服這個難題。他們找出絕妙方法，足以一邊鍛鍊房中術，一邊充分地控制性愛的快感。不過，其代價非常大。因爲絕對必須堅守

「接觸而不漏」的大原則。

雖非仙人彭祖所爲，但據說有以下的效果。「與十二名女子相交而不漏精者，直到老年貌美不衰。若持續與九十三名女性相交而不漏精者，萬年長生不老。」

但是，與女性契合而不漏精，到底是何種性?縱然感到快樂或銷魂，但這種行爲只能以辛苦形容吧。既然如此，不如實行有效果保證的神交法。正統的仙道修行者必做如是想。

當然，這並非實行神交法唯一的優點。事實上，有其實行的必然性。以下再做說明。

房中術依年齡而區分

看市面上一般的房中術著作，內容幾乎是任何人實行都有效果，其實這是天大的謊言，有些人身體力行也毫無意義。

譬如，以下的情況。

四十歲以下者不需要房中術

「年未滿四十者，不可與論房中之事，欲心未止，兼餌補藥，倍力行房，不過半年，精髓枯竭，唯向死近。」（唐・孫思邈著《千金要方》）

《千金要方》乃性房中術典藏著作。文中提及四十歲以下者不宜做房中術，對研究房中術者而言，簡直是晴天霹靂。不過，這是體交法一派的主張。

精未漏的少年、初潮前的少女不需房中術

以下是神交法一派的主張，道教西派的李涵虛仙人曾說：

「童貞金玉之軀，則不必修此，而可直接了命了性。」

意思是先天之氣未漏的童貞者，不需練習此法。只做一般的仙道訓練即可。

「此」當然是指房中術。「直接了命了性」是仙道中所謂的「性命雙修法」的別名。性表示意識、命則指氣。

不屬房中派的伍柳派（最普及的仙道派別）雖爲淸淨派，卻也有適度利用性慾的類似主張。

「未漏童貞之體，卽用童眞修法。」（伍沖虛著《天仙正理》）

未漏是指天生之氣未漏的身體。而童貞不僅指少年也包含少女。童貞修法是不直接做所謂的小周天（循環氣之訓練），直接朝大周天、採藥（運氣煉丹）、出神等階段邁進的特別訓練。爲何有此能耐，原因是他們和一般人不同，天生之氣完全未漏。換言之，處於先天之氣充滿的狀態。

那麼，何謂先天之氣？道理極爲簡單，東派的陸潛虛有此主張：

「人一有慾念，先天之氣會穿破全身。換言之，男性一起性慾則漏出精，女性則開始經潮（生理）。……眞體一旦破滅，自身所具備的精（生命熱能）與神（精神熱能）漸漸轉移爲後天。後天皆屬陰……。」（明・陸西星《玄膚論　內外藥論》）

所謂先天是指人體的生命熱能尙未轉變爲性熱能的階段。相當於男性開始有慾念而產生性慾之前，亦卽精未漏之前。女性則在初潮之前。

換言之，這種狀態下的人尚保有先天之氣，在仙道修行上一點也不需要房中術。

從以上說明卽可明白，四十歲以下的人根本不需要體交法。而尚無性慾的少年、初潮前的少女遑論體交法，連神交法也不需要。不，甚至也不必一般仙道所修練的聚集陽氣之法。

年老而精力極度衰退者必須房中術

那麼，何種人需要房中術呢？有關這一點，西派的李涵虛有此主張：

「無根樹，花正微，樹老將新接嫩枝。梅寄柳，桑接梨，傳與修眞作樣兒。自古神仙裁接法，人老原來有藥醫。訪明師，問方兒，下手速修猶太遲。」

（張三豐著《無根樹》）

文初部分極具神秘而難解，但稍做注釋卽能明白全文。

首先，無根樹代表人，人可四處走動，而引喩爲無根之樹。花正微，暗示樹已老。換言之，全句的意思是「人變老」。

嫩枝是指青春的枝葉。接著是梅寄柳，桑接梨。這是指接木的意思，可以當做人。文後出現房中術的語詞，因此，這裡的意思是老樹＝老人（假定為男性的情況）配與年輕的異性。

裁接法是指房中術，方兒意指處方，把最後的意思整理起來，則是以下的意思。

「人老之後，必須搭配年輕異性。古代仙人傳承著神妙的治療法爲裁接法，並有靈藥。請尋訪名醫，探求藥方（裁接的方法）。縱然迅速因應對策，恐怕也遲了一步。」

另外的房中術著作中，記載著令人嘆爲觀止而類似的內容。

譬如，煉丹法中最古老的魏伯陽著《周易參同契》中寫道：「做仙丹服用，渴望成爲仙人者，請利用同類之人。種禾用黍、雞覆其卵（？）」

而近世（相當於宋、金時代）人稱陰陽雙修派房中術源流的南派，則主張「竹破立卽用竹補。」（北宋•張伯端著《悟真篇》中篇八）、「竹折用他竹接，木毀用他木接，瓦漏用瓦蓋，人衰以同類相補。」（唐•陶植著《還金術》）。

房中術的行家喜愛把人譬喻為竹或木。總之，他們認為房中術是適合年老氣衰者的技法。

以上，各位已然明白何種人適合房中術，而何種人不需房中術。

其次，為各位介紹房中術的對象，從異性的年齡、素質再做更詳細的分別運用法。

房中術對象的選法採反比例式年齡法

在此之前多數以原文為分析，也許有不少人感到費解而頭疼，以下將用更簡單而淺顯的表現法來敍述。

首先介紹分別運用房中術的方法。

高齡者（中年～成年）

若是男性通常是以年齡在四十歲以上，體力極為衰弱者為對象。如果工作充滿幹勁而精力十足的人，若非五十五歲以上者，並不值得推薦。因爲精力過強可能反而損害身體（主要會傷到頭部，如腦溢血等）。

而女性則以三十三歲以上者爲對象。雖然仍有生理而當事者也無自覺，其實女性到達這個年齡左右，氣相當虛弱。

上述者可以以年輕異性爲對象進行房中術（神交）。一般而言，以下的組合最好。

六十歲的男性（女性）VS十歲以下的女性（男性）
五十五歲的男性（女性）VS十二～十三歲左右的女性（男性）
五十歲的男性（女性）VS十五歲左右的女性（男性）
四十五歲的男性（女性）VS十七～十八歲左右的女性（男性）
四十歲的男性（女性）VS二十歲左右的女性（男性）

大致是上述的組合。位於中間者可選擇較接近（較年輕）的組合。

不過，以上純屬神交法，絕對不可用體交法。因爲不僅違背道德規範，現實上也難以掌握氣感。

附帶一提的是，一般而言，性事上男性比女性處於較不利的立場。我們以一次性交時的高潮次數來看就明白。男性達到一次高潮即出局，但女性卻有連續數次的可能。而且男性在體力的回復上較花時間。

這是自然所賦予的哲理，因爲女性的生理結構是從男性身上取得氣，再賦予下一代的生命（理由容後再述）。自然的哲理既是在對方身上，男人無法憑一點雕蟲小技而與女性一較長短。

那麼，何以神交法就無大礙？原因是在空間的隔離下做氣（非精）的交流。這是完全倚賴氣的感覺，因而能清楚明白是否取得氣，並且無性行爲的事實，自然不會漏失所採取的氣。

更可貴的是，男女不僅是肉體，在心靈面上也互相需求（房中術則持相反意見）。因此，只要在一起，氣就能往來於雙方之間。

那麼，年齡差距越大越好是何緣故？既然男性因年老而氣虛，年輕女性不因此而受損？

事實並不然。年輕女性確實有不少多餘的精力被年老男性所吸取。但相反地卻擁有熟習仙道男性所擁有的各種內涵，如智慧、知識、技法等。

換言之，成熟男性從年輕女性身上獲得其生命力，而年輕女性則從成熟男性身上取得其智慧或技術，二者綜合。此稱爲「女性給精，男性送神（意識）」。

不過，並非無理強求，只要同處於房中術的立場，氣即自然地交融。

持續十年的功夫，女性搖身一變聰明伶俐而記憶超群的女仙，而男性則返老回春，變爲魅力十足的人。

四十歲以下者（青年～中年）

此年齡者首先必須區分身體強壯或極度虛弱。強壯者使不使用房中術都無妨。使用時可用體交或神交。虛弱且相當疲憊的人，絕對要實行房中術。當然，這時所採取的也是神交法。

其基準如下所示。

三十五歲的男性（女性）VS二十二～二十三歲的女性（男性）

三十歲的男性（女性）VS二十五～二十六歲的女性（男性）

依此計算方式看來，可得到一個有趣的結果是，二十七、二十八歲左右和同年紀的對象練習最好。而這個年紀的人，事實上多半是夫婦關係。因此，若彼此都身體健康，除了神交之外，體交也能帶來極大的效果。

不過，本書並非闡述體交法的著作，因而無法針對這一點做詳細的說明。有興趣者可參照原著《素女經》。

未滿二十七～二十八歲者（青少年）

如前所述，即使先天之氣多少有些遺漏，但氣仍然相當強旺，因而不需要向中年人所推薦的房中術。總之，一旦習得神交的技法，可直接進入第三章開始的深奧房中術。

如果一心想學習房中術，只能尋找前面所列的組合中，適合自己年齡的老年人。不過，如果你是外行人，而對方也不懂仙道的各種技法，成功的希望極爲渺茫。

相反地，如果你熟習仙道技法，將會蒙受極大損害。因爲你的氣將傳給氣竭精衰的人而毫無回報。

也許有人質疑：難道不能從對方身上取得神（意識）？但你既已擁有仙道的知識，事到如今又有何意義？千萬不要白費工夫，只管積蓄自己重要的熱能，運用在自己身上。

先天之氣未漏者（精未漏的男子／初潮前的女子）

這個年齡層者由於先天之氣尚未漏失，可以直接做正統的仙道（大周天等）。原則上不需房中術。理所當然也不需修行的對象，但事實並不然。老實說這個年齡層者，雖然氣非常強旺，但神（精神）卻極端不夠成熟。總是心浮氣躁定不下心來。情形有如薄弱的意志力附在強烈的氣之上，處於被擺佈的狀態。因此，獨自靜坐練氣，根本不可能。

而且只能效法年長而對仙道有深入見解者修行。這時可採清淨法（普通的仙道，即童真修法），或陰陽雙修法（房中術）。總之，其指導老師必須專精其中一項。只要有良師，使用其中一法卽能在轉瞬間習得仙道。

在此，無數次提及不需房中術，也許會造成某些人的誤解。因而有言在先。所謂不需房中術，是不必要「採、被採氣之類程度的初步房中術」，並非不必爾後所敘述的神秘行房中術（男性原理與女性原理的合一）。

淺而易顯地說明，則如左示。

普通意義的房中術　只溝通精或氣的技法（性的房中術）。

做為神秘行的房中術　利用男性原理與女性原理的合一，以超人爲目標的技法。控制潛在意識的世界（鍊金術的房中術）。

請謹記兩者的差別，再往下閱讀。

南派又分清淨派與陰陽雙修派

以上以說明何者（正確而言是那個年齡層者）應用何種形式做房中術，接著實際來談其技法。

在此會以各種不同的階段，一一介紹利用神交法的房中術技法。這也等於介紹了金丹派房中術（陰陽雙修法）的歷史及其分派，因而一併做為說明。首先，我們從陰陽雙修法中最簡單的南派修行的技法開始。

南派清淨法與陰陽雙修法

前文一再提起的神交，正式的名稱爲隔體神交。隔體從字面卽可明白，是男女如果有肉體接觸，縱然實踐「男不寬衣，女不解帶」的規定，恐怕也難保平安無事，最後恐怕會變成體交。因此，古人特地稱爲「隔體」神交。

針對隔體神交（以下用此名稱）振筆疾書的是陰陽雙修派（以下本章用神交房中法的用語），其中又有南派（分為清淨派與陰陽雙修派兩派。在此指陰陽雙修的南派）、東派、西派及青城派等。其中南派自稱爲其源流，因而其技法極爲單純，適合初級者。

此派是由北宋・張紫陽（九八七年～一〇八二年，本名張伯端，道號紫陽）所創立，爾後由兩名弟子分出完全相反的修行體系。

其中之一稱爲南派淸淨派，修行對象絕不使用異性。和北派、伍柳派等單修派的修行型態幾乎相同，因而統稱清淨派。其傳承的系譜是張伯端→石泰（杏林）→薛道光→陳楠（泥丸）→白玉蟾→彭鶴林。

另一派稱爲南派陰陽雙修派。其傳承的源流是張伯端→劉永年→翁葆光→若一子。此派使用神交法。當然，在此所說明的正是這個派別。

此派技法的特徵在於「取坎塡離」。

「取坎塡離」是指取得對象女性充實的陽氣，塡補男性虛空的陰精（男性的精）。坎代表女性的陽氣，離則指男性的陰精（即使同屬南派，清淨派則有不同的解釋）。

有關這一點，東派陸潛虛在其著作《金丹就正》上篇寫道：「採女子之陽氣、煉男子之陰精。此乃『取坎塡離』。」

更淺顯地說，虛虧的男性從女性身上取得陽氣，處於飽滿而不足氣的狀態。這是取坎塡離的眞髓。

接著針對離或坎的奇妙用詞做說明。

離、坎出自易經，離是外陽（卦外之二）內陰（卦內之一），意指男性。男性以氣的立場而言，因氣朝向外（外向性），內在相對地變虛（陰）。因此，帶有離的印象。請看次頁圖卽可一目了然。

而女性正好相反，以氣的立場而言，氣朝向內（內向性），內在自然充實（陽）。把它印象化則是坎卦。

男是內陰，因而其中所存之精稱爲陰精，女是內陽，其間所在之氣稱爲陽氣。這些用語經常出現房中術的著作中，請謹記在心。

而淸淨派則持相反的意見，認爲男、女性都具有陰陽。換言之，他們認爲男性外在是陽氣、內在是陰精，女性正好相反。

不過，雖然此二派（淸淨派與陰陽雙修派）的主張完全相反，但所使用的敎典卻是一樣。敎典的名稱都是《悟眞篇》。作者是開山始祖張紫陽，但因寫法艱深難懂，一般人無法閱讀。

而爲了讓各位瞭解我們是如何費盡心思理解其中的技法，特舉其中內容，請各位仔細斟酌賞析。

「華岳山頭雄虎嘯，扶桑海底牝龍吟。黃婆自解相媒合，遣作夫妻共一

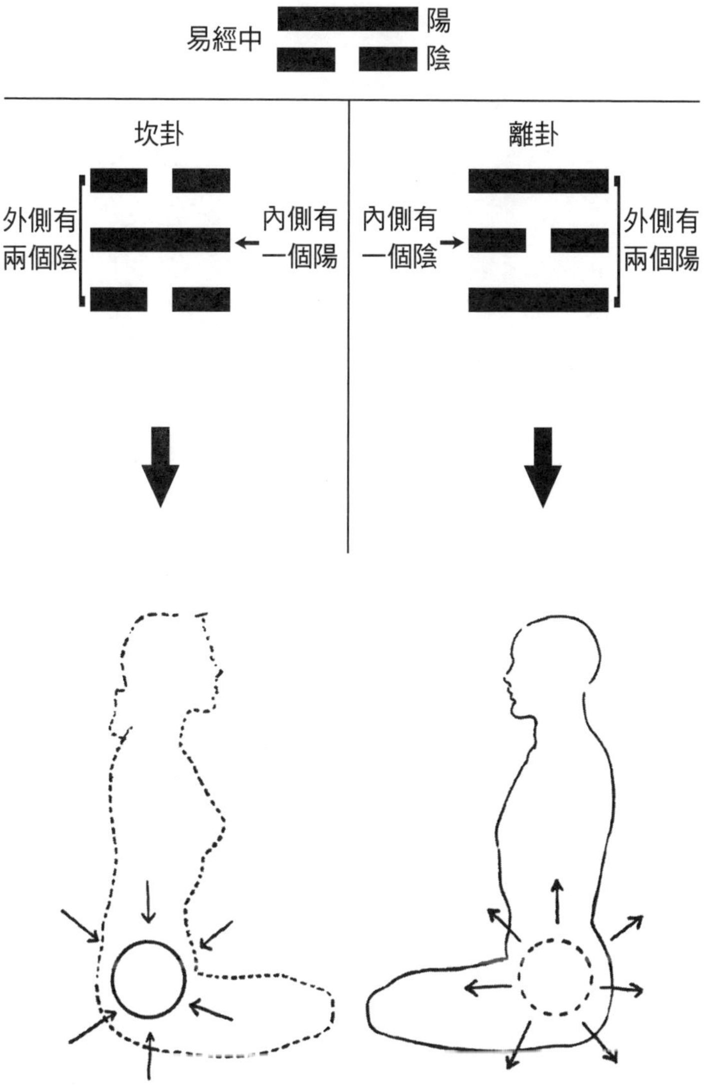

男性是氣朝外的外交性，女性則是氣朝內的內向性。易卦中的離與坎做此意象。

心。」（張伯端著《悟真篇》）

直譯後則是：「在華山的山頂，一隻雄的老虎大聲吠叫。扶桑的海底，一隻雌龍吟叫著。牽紅線的媒婆從中撮合，使夫婦同心。」

這到底是什麼文章？……。相信沒有人閱讀此文後，瞭解到底是怎麼一回事。老實說，連我也毫無頭緒。陰陽雙修派，尤其是極早期的南派中人，全是用這樣的方式說明自己的房中術技法，眞令人受不了。

如果一一解說這些艱深難懂的文章，根本無法進入最重要的技法說明，因此，暫且擱到一邊，只摘取他們意有所指的重點，解說這個階段的技法。

南派陰陽雙修法（初級功）隔體神交第一階段技法

鼎器的準備與神交的心態

最重要的是所謂的「鼎器」。

鼎指容器。這是仙道煉丹術（外丹）的用語，意指煉丹的容器。而目前所談的是房中術，因此，鼎器並非收藏從外界收集而來的物質的容器，而是指人、男女。

「鼎器者爲何，卽《悟眞篇》所言之靈父、靈母。」（明‧孫汝忠著《金丹真傳》修身入門）

鼎爲何物已有說明，但若不明白靈父、靈母所指爲何，則無法瞭解其意義。這倒不難。這是指隔體神交的基本規則「男不寬衣，女不解帶」的男女。換言之，稱如此嚴謹的男性爲靈父、嚴謹的女性爲靈母。

那麼，靈父、靈母要做什麼呢？「用此（鼎器）時，神交體不交，男不寬衣，女不解帶，敬如神明，愛如父母，寂然不動，感而遂通。」（明‧孫汝忠著《金丹真傳》修身入門）。

這是神交的原則與技法，最後並談到其結果。列成項目來說明。

①**體不接觸** 只有意識相通，身體絕不接觸。

②**絕對穿衣** 男女絕不可赤身露體。

③**清淨心**　把對方當做神明、父母般地對待。簡言之，絕對不能帶有邪念、淫念。

④**寂然不動**　男女相對而坐，心靜如水、紋風不動。此稱寂然不動。

坐法的注意點

神交時，男女雙方的座位該保持多大的距離？一公尺的距離太近，最好相距數公尺左右。瞭解氣感（已經熟習仙道或氣功法者）可保持較大的距離（數公尺），毫無氣感者則保持較近的距離。

而眼睛的位置呢？若要保持寂然不動的狀態，閉眼或半閉眼較好。看到女性則蠢蠢欲動者，絕對保持閉眼。

而坐法該如何呢？

採正坐或盤腿坐，抑或半坐才能持久。

至於手勢較自由，根據修練過仙道內功的筆者之經驗，我認爲像次頁圖示雙手交握置於腹前的姿勢較好。因爲可避免氣的散漏。

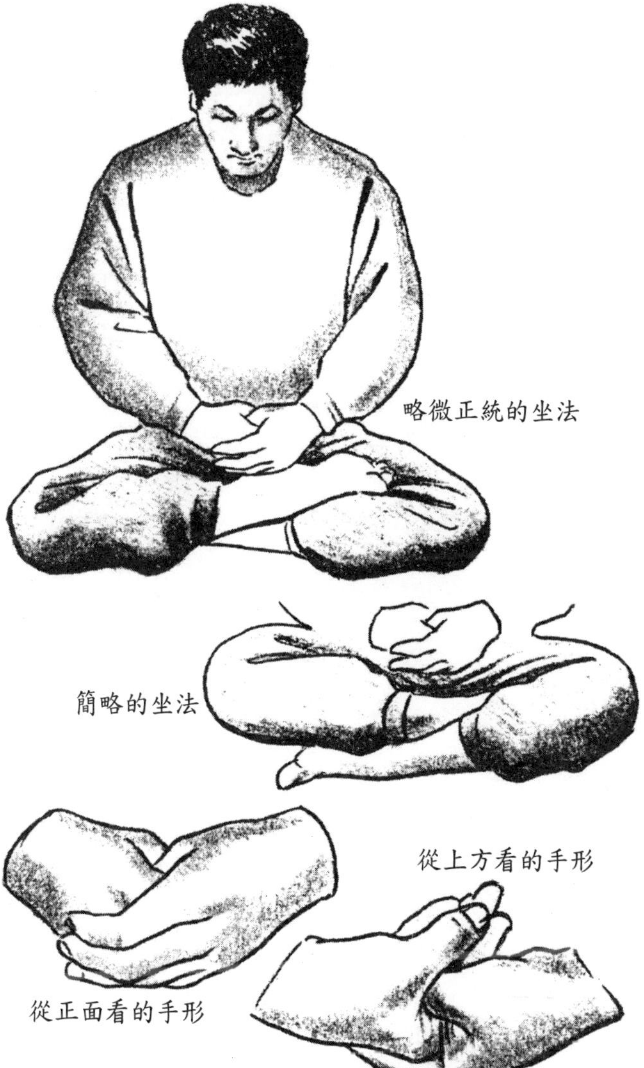

坐法與手形

結果

一切準備就緒之後，接著進入「取坎塡離」的技法。實行這個技法後，結果會如何呢？南派的教典上做此記載：「感而遂通」。

雖然僅只一行的文字，卻道盡一切的眞理，以下就詳細的說明。

①氣的感覺化

「感覺」所指的是「氣」。一般沒有特別目的的坐，並不會感覺到氣，但進行房中術時男女處於狹窄的房間中（此稱房中）腦中一再想著對方（神交），不久，自然會有一種奇妙的感應。

那彷佛是一種壓力感、微風或某種流動感。當然，極爲輕微，若非寂然不動的狀態難以體驗。

②氣的相互循環

而「遂通」則指這輕微的氣感將通達於彼此之間。其狀態因人而異，某些拍檔在二人之間有一股圓形繞轉的感覺，而有人則是平行往來的感覺。也有些人可能只有單向的溝通。

甚至有毫無感覺的組合。但即使這種情況，當雙方都感覺一陣溫熱或覺得舒暢，情緒漸漸高亢時，即可當做是處於「遂通」的狀態。

陸西星與李西月轉世之謎　結合東派與西派的奇妙系譜

以下介紹東派陸潛虛所編輯的體系，做爲隔體神交（陰陽雙修法）第二階段的訓練。在此之前，先爲各位介紹這號人物極具仙風道骨的驚人事實。

陸潛虛本名陸西星，字長庚，號潛虛，又號方壺外史。直隸興化縣人，生於明朝正德十五年庚辰（一五二〇年），在萬曆三四年丙午（一六〇六年）逝世，享年八十七歲。

九次參與科舉鄉試，次次落第。在心灰意冷之下，不再迷戀俗氣衝天的儒教，轉而投向仙道的懷抱。

某天，這一天其實有正確的記載，正當心煩氣悶時，據說大仙人呂洞賓前來拜訪，傳授其仙道奧義。

他的著作《方壺外史》有以下的記載。

「我於嘉靖二六年丁未（一五四七年），於北海草堂遇見呂祖，獲傳秘訣。」

當時陸西星年二十八歲。依註解是「因示夢」，因此，可能是夢中出現呂洞賓，授與其仙道秘訣。夢極爲奧妙，它是爾後用榮格心理學的立場解析房中術時的重要關鍵。

根據這段記述，陸西星由呂洞賓直傳，但從其體系內容看來，深受南派的影響。也許正當陸西星鑽研南派修行之際，突然夢見呂洞賓而有確實的頓悟。

他的派別被後世人稱爲東派，原因是其教義（說技法較為恰當）遍佈中國東部的江蘇省、浙江省一帶。

與東派分庭抗禮的是陰陽雙修派的另一門派——西派。事實上這兩派之間有許多令人難以置信的雷同之處。

西派的開山祖是李涵虛。涵虛爲道號（別號為圓嶠），本名是李元植，字平泉，入道後改名西月，號長乙山人。

東派體系的陸潛虛。據說獲得名仙人呂洞賓傳授奥義。而因夢獲得真傳這一點，是解開房中術之謎的關鍵。

他在清嘉慶十一年丙寅（一八〇六年）出生於四川省樂山縣長乙山區李家河，逝世於咸豐六年丙辰（一八五六年）。享年五十一歲。

絕不可以爲五十一歲是短壽。因爲仙人逝世只是不再眷戀俗世。極可能隱居於遙遠的虛空。一無是處卻緊抓著肉體不放，是除了這個俗世之外，無其他去處的凡人令人悲哀的想法。

總之，他也在二十四歲之時首次遇見呂祖。據說後來在峨嵋山的禪寺遇見呂祖及豐祖（張三豐），獲傳秘訣。當時不僅獲得秘傳，據說呂洞賓還命令其改名。

「後遊峨眉山，於峨眉禪院遇呂洞賓、張三豐，乩授功訣。師（李涵虛）初名元植，字平泉。呂祖令其改名西月，字涵虛。」（《李涵虛真人小傳》）

後來，他自稱李西月或李涵虛。他的派別因遍佈其故鄉四川樂山一帶，因而被後世人稱爲西派。

——以上是李涵虛的個人履歷，若和前述的陸西星的資料比對，將可發現有趣的結果。

各位看左列兩個系譜有何感想?您不覺得其中有非常深奧的暗示嗎?

陸西星——潛虛——方壺——東派——長江下游(浙江、江蘇)

李西月——涵虛——圓嶠——西派——長江上游(四川)

如果再加上於聖地獲得呂祖秘傳(李西月還有豐祖的真傳)這一點來考量,二者間的關係未免過於巧合。

其實這也難怪。因爲《海上仙跡》這本著作中提到:李氏「因暗示使自己爲陸西星之『轉世』」。問題在於暗示這個涵義,它並非現代人所使用的語意,若以字義本身來看(＝密示),這二人之間有著不可思議的因緣關係。

換言之,據說此二人首先出生於明朝,在中國東部推廣仙道之後,轉世到清朝而在西方再次佈道。

其中的問題暫且說到這裡,接著進入陸潛虛所編著的陰陽雙修法的第二階段技法。

東派陰陽雙修法（中級功）隔體神交第二階段技法

雖然和初級第一階段有某些重疊部分，但以陰陽雙修而言，將有更爲深入而詳盡的說明。堪稱陰陽雙修法的中級技法。

離形而交

在第一階段曾經談及。有關這一點，東派的主張是……。

「所謂隔體神交理最詳，古仙已言之確矣。所謂離形交氣，別有口傳也。」（《金丹就正》後序）

「所謂隔體神交，其道理非常詳盡。古昔仙人所言一點也不差。採所謂離形而交，此外另有其他口傳。」

問題所在的是這個段落中的「別有口傳也」這句話。換言之，它的意思是雖然本書（《金丹就正》）並未記載，但還有其他口傳的秘法……。

到底是什麼？連我也不清楚。不過，筆者個人也有多年鑽研仙道的經驗，因而可從中推測假定。我想也許是指爾後出現的各種技法。有關這個問題，在談論到每個技法時再做說明。

凝神聚氣

「所謂男不寬衣，女不解帶，敬如神明，愛如父母，皆此凝神聚氣而已。故曰道歸自然……。」（《金丹真傳》）

文頭部分已經出現數次，各位已然瞭解其意。此處所言和第一階段的部分（南派的主張）並無太大的差別。

不過，做爲第二階段而應特別注意的是「凝神聚氣」。凝神聚氣指集中意識（神）聚集氣。

在個人獨修仙道的單修法上，這是相當簡單的技法。因爲聚集氣的場所、集中意識的場所大致已定。男性是在丹田（下腹部）、女性則在膻中（雙乳間）。什麼？僅止如此？有此懷疑的人尚屬仙道的門外漢。因爲男女二人一起修練時，必須有異於獨修時的技法。

譬如，當二者過於專注其中而只做個人的意識集中時，恐怕全副心思在此意識上而阻礙彼此氣的循環。這也是理所當然，一旦全副心思在自己身上，則無法交心。心不通氣自然也不通。

那麼，該如何？我當然同樣是意識集中，卻非單修法爲聚己陽氣而產生緊迫犀利的感覺，讓自己更爲放鬆，做輕度的意識集中卽可。如此一來，將達到最後一句話的境界「故曰道歸自然」。

至於場所，可像單修派一樣男性位於丹田，女性位於膻中，但卻不限特定部位，只要能夠確實串連住意識卽可。這一點因人而異，各位不妨多方嘗試。

開闢、展竅、交氣

這是陳述陰陽雙修技法秘傳的部分。相當前述的「別有口傳」。首先介紹其原文。

「古仙垂語示人，曷嘗隱秘？然皆絕口不言開闢、展竅、離形、交氣之說。」意思如下：

「從前的仙人用語詞告之衆人，但其重要的部分極爲隱奧而難懂。因此，人人閉口不言……。」

而閉口不言的是，文中所出現的「開闔、展竅、離形、交氣」等之說。離形是一再提及的隔體。換言之，指男女分離而做氣的交流。這一點已不需再做說明。

至於其他三項爲何？關於此三者並沒有更深入的陳述，光靠文面也不得而解。不過，我從其他著作搜集資料並做了各種調查。結果發現這樣一段話。

「開闔、展竅、交氣、陰陽雙修時，卻不著文字輕易傳授。」

意思是「開闔、展竅、交氣不記錄成文字，也不輕易教導他人。」一副自掃門前雪的冷淡模樣，但這乃陰陽雙修派的指導方針，他人也不便置喙。

以上的說明也許難以獲得讀者的信服，因此，提供個人的解釋做爲參考。

首先是交氣。這應該是之前一再提及的「男女間彼此做氣的交流（使其溝通）」。在此不再贅述。

而開關為何？這是「打開關卡」的意思，至於展竅則和「伸展（擴大）竅門」同意。關及竅都是氣在身體內流通管道上的重點。

仙道所謂的竅，主要就有下列多種。

丹田＝下腹部

會陰＝肛門與性器之間

尾閭＝尾骶骨

命門、夾脊＝腎臟部

玉枕＝頸後部

泥丸＝頭頂部

印堂＝眉間部

膻中＝雙乳間

黃庭＝上腹部

其中從丹田到泥丸是督脈的管道，從泥丸到黃庭（最後回復到丹田）是任脈的管道。仙道把氣循環於這兩個管道上稱為「小周天」。

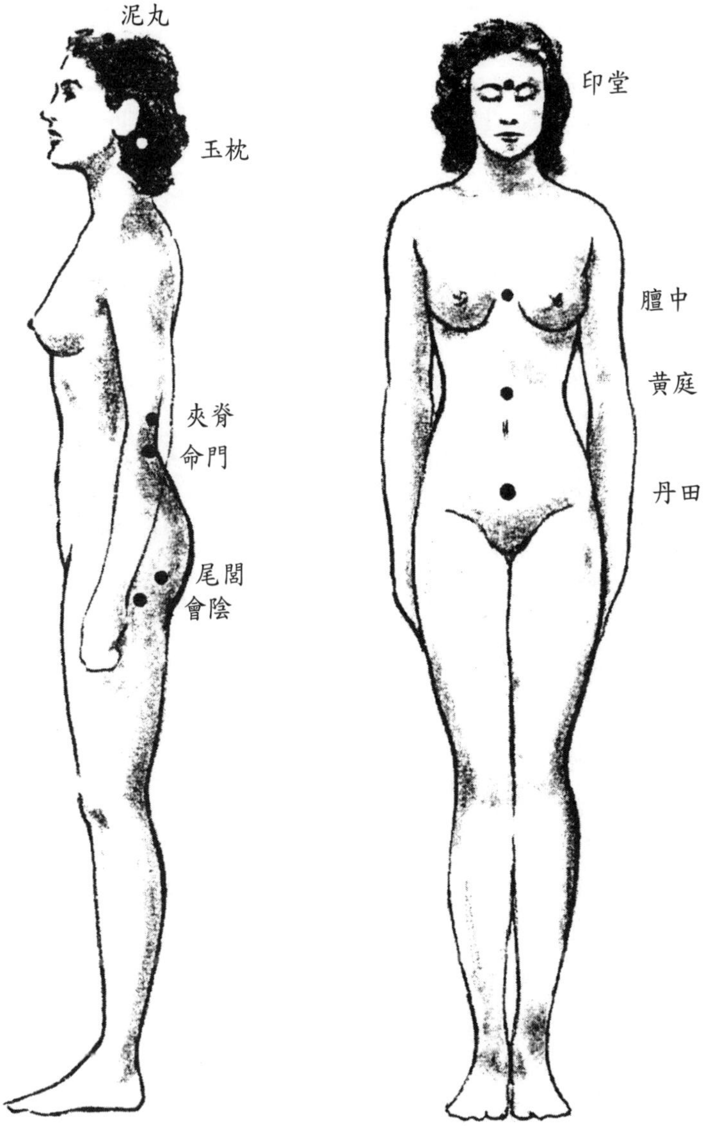

竅的位置

關也與此類似，但僅只三個。根據南宋・蕭廷芝著《金丹大成集・金丹問答》，據稱所指爲以下三者。

「何謂三關？頭爲天關，足爲地關，手爲人關。」

從字面即可瞭解其意，不再贅言。

不過，又有所謂的背後三關，這是指以下三者。

「腦後曰玉枕關，夾脊曰轆轤關，水火之際曰尾閭關。」

這和前述的竅完全相同，但只是其中的一部分。

總之，讓氣通過這些場所，則稱爲開關、展竅。

附帶一提的是，單修派仙道稱類似的現象爲開竅。進行開竅時，丹田必須充分地聚集陽氣。這個程度彷彿是下腹部產生燙斗（絕不誇張）或某種熱氣的氣團（此為陽氣），發出跳躍般的振動感（這也毫不誇張）。

到此境界，陽氣以奔騰的氣勢到處流竄，最後朝向會陰竄流（絕不誇張），再流通到尾閭。若有充足的氣力，直衝到頭頂的泥丸也非夢想。換言之，強烈的陽氣駕乘其充沛的力道，一一打開管道上的重點，正是所謂的開竅。

進行單修法時，由於是獨立修練（只能使用自身的陽氣），必須有非常努力的訓練才能到達這個境界。但陰陽雙修卻能使用對方的陽氣（尤其是女性內部的陽氣極強）。

另外，有關其詳細訓練法，則在第三章做說明。

如果能理解這個程度的陰陽雙修法技法，已相當了不起。接著，我們將進入陰陽雙修法的巔峰，青城派最玄奧難解的技法。

神奇仙人劉海蟾與具有最高秘傳的陰陽雙修法之青城派

青城派的行法不僅充滿著懸疑，其創始者本身也是傳奇人物。他也許比技法本身更令人感興趣，因此，首先從創始者談起。

據說此派行法的創始者是青城道人。青城道人乃宋代四川省青城山之人，一般認爲是前述南派之祖張紫陽的師匠劉海蟾（本名劉玄英）。不過，有人認爲青城道人並非劉海蟾，其間的曲直已不得而解。因爲若是同一人，則南派的源流變成青城派與劉海蟾派兩者，已搞不清楚其始祖爲孰者。

在此爲避免混亂，採劉海蟾＝青城道人一說。

至於劉海蟾有各種不同的傳說。雖然他不及師匠呂洞賓，卻也是極爲長壽之人。根據傳說，呂洞賓年屆八百歲，而劉海蟾也有六百歲的高齡。

總之，在此介紹一則有關他的著名傳說。

有一天，擔任官差的劉海蟾到酒店小酌時，發現對面有一個舉止怪異的老人。不經意一看，那老人竟然把蛋較小的一邊朝下，一顆顆地盤起蛋來。

劉海蟾不禁一叫：「危險！」

結果，老人以徐緩而斷然的口吻說：「你汲汲營營爭取的官位或財產，甚至整個人生，遠比這些蛋更爲脆弱而危險。」

事實上，這位老人正是呂洞賓。看此情景而有了悟的劉海蟾，將身上的錢財奮力擲向牆壁，從酒店脫逃而出。從此以後，捨棄家人及一切家財，跟隨呂洞賓鑽研仙道修行。

劉海蟾經過長年的修行，終於習得仙道，進入位於鳳凰山的道教寺院——壽寧觀。在此開始發生奇妙的事情。首先，他在寺廟的牆壁上寫了「龜鶴齊壽」四個字。

寫這四個字有何用處，接下來才有趣。因爲幾乎在同時，據說離西蜀（四川省）數千里的各地的牆壁或住家裡頭，都可看見書寫這四個字的劉海蟾。這是出現無數分身的劉海蟾所造成的現象。

世間人看見這番景況，紛紛傳說他是位神仙。後來當劉海蟾練就仙丹之時，據說他的頭頂上升起一縷白煙，隨即化成一隻白鶴並消失無蹤。

以上是劉海蟾的傳說。的確是位充滿著傳奇性的仙人。不過，青城派的行法奧妙也毫不遜色。各位看以下的文章即可明白。

青城派陰陽雙修法（上級功）　隔體神交第三階段技法

對此派的行法最深入而詳盡研究的是，台灣的蕭天石。他認爲此派是：

「青城派的功法（訓練法）雖主導南北的雙修派，而其核心乃南派的法訣。

當然，毫無疑問是上乘的雙修法。」

蕭天石認爲，此派技法的基本如下。

男不寬衣，女不解帶

「男不寬衣，女不解帶」「千里神交，萬里心通」。

前段的文字已無需贅言，後段的文字是與此派最高秘法相關的部分。不過，這兩者之間有極大的階段差距，在此引用位於其間的各式各樣技法並慢慢地做說明。

守無致虛

此派基本技法中，最重要的「守無致虛」的技法。守無致虛望文生義，乃是「守住無，到達虛」的意思。這可稱爲技法與否倒令人疑問，但據說剛開始必須練此法。

而其做法在蕭天石的著作上有詳細的記載，以下將其譯文直接披露。

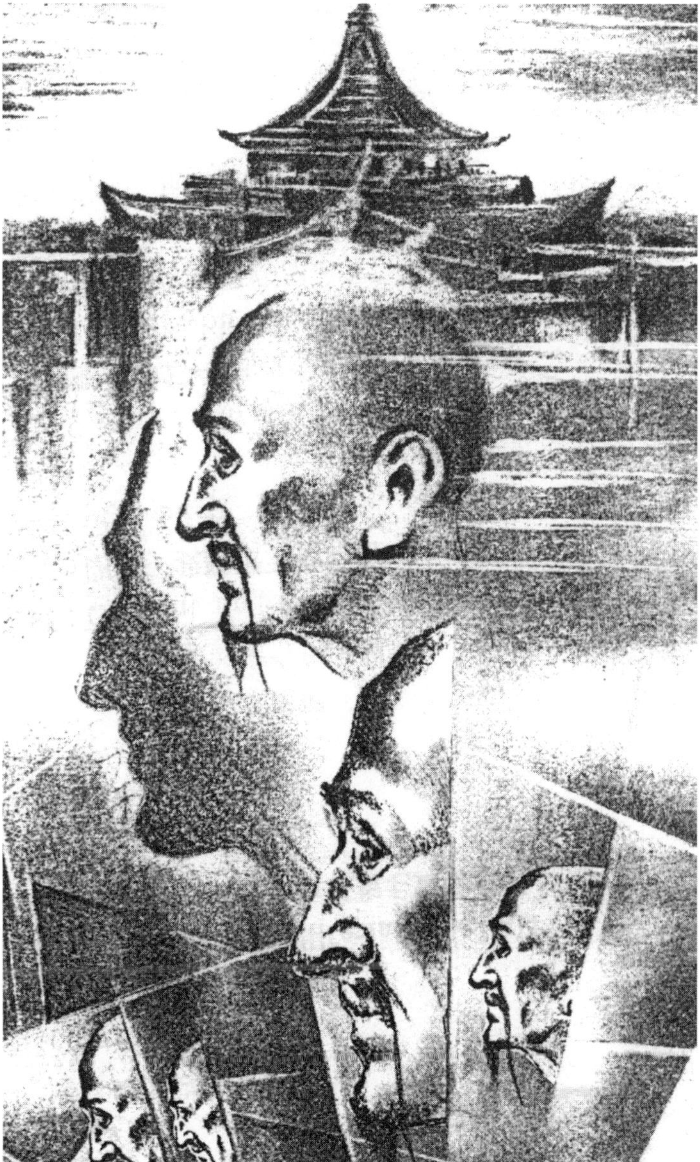

「青城派在傳授上乘之道（方法）時，不得不傳的只有一個『無』字。不過，最後連『無』一字也消失。

首先，請你捨棄一切的雜念。放棄任何念頭，甚至不能稍有殘留。必須完全地捨棄。將眞實、一切化爲無。

既無天也無地。既無人也無自己。既無萬物生成也無毀壞。既無獲得也無損失。思想、念頭、心緒、意志，甚至眞理、道理也沒有。這時，你將與天地合而爲一，擁有永遠不會毀壞的虛空之體。」（蕭天石《道家養生學概要》青城派）

根據蕭天石所言，當人處於這樣的狀態下，會突然打開爾後所要敍述的「千里神交，萬里心通」或「通神入化」等神秘的境地。

隔體神交

這是前述隔體神交的要領。

「心交而不形交，情交而不貌交，氣交而不身交，神交而不體交。」

其中所言和南派、東派是一樣的，但內容較爲詳細。技法的說明細微又專精是青城派功法的特徵。

千里神交，萬里心通

問題是以下的段落。內容令人歎爲觀止。

「如是修法，則卽便遠隔萬里關山，亦能雙修雙成雙去。」

換言之，如上述之法做訓練，縱然遙隔群山之遠，也能彼此訓練陰陽雙修法，並習得技法讓氣通行其間。

「兩心能交感，千里自神通。」

二人的心若能互相感應，卽使相隔千里之遠，也能意識互通。

這正是前面所提的「千里神交，萬里心通」。

其他派別是二人對坐於狹窄的房間（房中），汲汲營營訓練氣溝通的隔體神交。但青城派卻能遙隔千里的距離，萬里的路程，彼此運氣往來。陰陽雙修法的規模擴大到整個地球。不愧是陰陽雙修上級功的內容。

「此中有妙絕，世外鮮知情。」

不過，還不忘附帶忠告：這個技法隱藏著玄機，一般人難以知其全貌。

通神入化

遙隔萬里而能隔體神交，令人爲之耳目一新，但「通神入化」的技法，更遠超房中術的常識。稱其爲神秘行修法之代表也不爲過。

首先，從原文做介紹。

「採補之道，非房中家採陰、採陽之事。而採天地之氣以補我之氣，採天地之精以補我之精，採天地之神以補我之神。因天地之化，以造化之化……」

首先提到，在此所謂的陰陽雙修法之採補技巧，和一般房中術之人所謂的採陰（採陰精）、採陽（採陽氣）不同。接下來大有文章，這正是這裡所謂的「通神入化」的技法。

「採氣時，採天地之氣以補自己之氣，採天地之精以補自己之精，採天地之神以補自己之神……」

這確實非同小可，因爲並非以人而是以天地自然的精、氣、神爲對象，進行陰陽雙修法。

假設修行者爲男性，則不需以女性爲對象。沒有身體接觸的房中術（隔體神交）令人驚奇，但這裡我們卻看到不需對象（不需以人為對象）的房中術。這個技法只能說是陰陽雙修法的超級秘傳。

各位聽聞此言必也大爲吃驚，就連長年鑽研仙道的我，看到這裡也只能以震驚一詞形容。因爲它竟然主張房中術不需要對象。

內覓陰陽

最後則以下面的說明結尾。

「大藥不須天外覓，陰陽須向見己身求。」

「無論男女，其己身均各具有其陰陽，故修道貴於己身內覓陰陽，切忌於己身外覓陰陽。」

其意是：「大藥（在此指仙丹）絕不可向外求取。陰陽（陰精、陽氣）必須在自己體內求取。

不論男女，體內各擁有均等的陰陽。因此，修道講向自己本身的內在求取陰陽。絕對不可在自己身外求取陰陽。」

慨嘆沒有異性做爲練習對象的你，即使孤單一人，只要有心學習，都能心無旁貸鑽研陰陽雙修，即神交房中術的技法。

不過，不免有個疑問是：如此則單修法（普通仙道）與房中術完全相同？接著就給各位這個疑問的解答。

首先，仙道對所有行法有以下的主張。

①材料準備階段（集中氣的階段）。

②本作業階段（鍛鍊收集之氣做訓練的階段）。

這是次章所出現的煉丹術用語，而訓練法則做此區分。在其中①的階段，進行單修法時只有自己一人，而陰陽雙修法或體交房中術則由男女雙方進行。

問題是②的階段，如果根據房中術的構想做訓練，最後會得到房中術（因其效果而稱為神祕行房中術）的結果。

相反地，在①的階段縱然使用陰陽雙修，如果又採取其他技法，如健康法仙道、符咒（仙道魔法）等技法，將變成房中術以外的結果。

所以，以下是筆者個人的見解。

某條件者，譬如四十歲以下的人，如果無法找到訓練的對象，只憑個人的力量完成①的階段即可。尤其是青少年，精力十分充沛，特別做此建議。

接著，以本書為房中術的對象，往前再鑽研。而其中的秘傳，將在第三章之後廣為介紹。

第三章

西洋鍊金術揭開房中術仙道之謎

房中術的秘密在於西洋鍊金術

在此之前，以神交法爲主，介紹了中國房中術的知識與技法。對於首次接觸這個領域的人而言，也許認爲內容頗爲繁複。其實，以正統的房中術立場看來，這種程度尚未登堂入室，只不過是其序幕罷了。隨著階段更爲深入精進，還有愈發玄妙的技法。

不過，行文介紹時，各位若不懂仙道訓練爲何物，根本無從談起，因此，首先做概要的說明。

築基

所謂築基，顧名思義就是打地基的意思。每一個修仙道者，需要經過築基，才能爲將來的修練道路打下良好的基礎。在南派又分爲收心、存心、內視、入靜、調神、調息、調精等。第二章的內容相當於築基階段的技法。

煉精化氣

煉精化氣是道家延年益壽、羽化登仙，以精氣神的修練爲基本的門徑，是強化築基所收集的陽氣階段。以南派而言，又分爲採藥、封固、煉藥、上火，稱爲四口訣。這相當仙道在製作仙丹（仙藥）的技法。

而仙藥在南派又有三種，各稱爲外藥、內藥、大藥。雖然區分爲三，卻非不同的物質。只是根據煉藥的程度，及其完成度而有分別的稱呼。

煉氣化神

煉氣化神是進入覺性和悟性的層次，體會所謂的明心見性。即使用煉精化氣所做成的藥，鍛鍊具有陽神之氣的身體階段。一般是將意識集中在陽神上，做體外脫離，且塑造更爲強固。仙道稱此爲出神。

煉神還虛

煉神還虛指一種出神入化的境界，要把陽神與外宇宙融合爲一。是利用所強化的陽神，將肉體變更爲不死之身（氣化）的階段。據說一旦達到這番境界，修練者將成爲不老不死的存在。

以上是仙道的傳統分類，現代人難以理解。不僅是各個用語的涵義，整體的印象也模糊不清。當然，對於長年研修中國仙道的我而言，這些道理昭然若揭，但與門外漢談論仙道，只令對方有如丈二金剛摸不著頭腦。

做初淺而詳盡解說的是筆者的前著《秘法！超級仙術入門》，其中做了以下的分類。

①陽氣的發生階段（在丹田集中意識，發生陽氣）。
②陽氣的強化階段（在丹田強化陽氣）。
③小周天階段（陽氣的局部一周）。
④全身周天階段（陽氣的全身一周）。
⑤大周天階段（陽氣的視覺化、氣團的發生）。
⑥出神階段（從氣團到陽神發生）。
⑦還虛階段（肉體的不死化，像虛空消滅）。

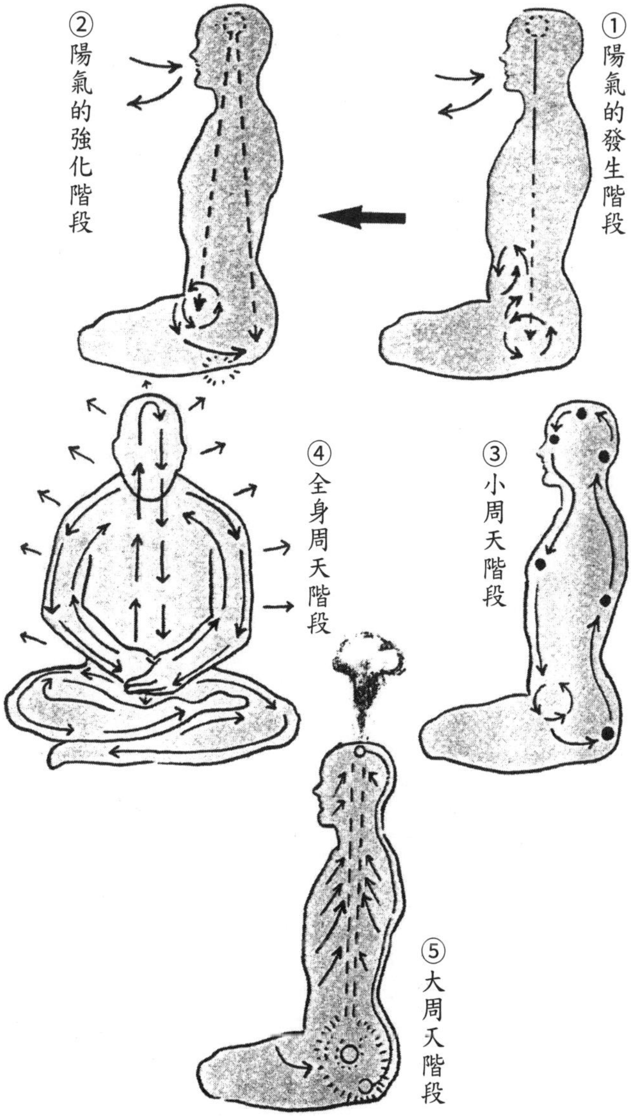
①陽氣的發生階段
②陽氣的強化階段
③小周天階段
④全身周天階段
⑤大周天階段

仙道的訓練

這遠比傳統的說明較爲淺顯易懂吧。閱讀該書的讀者們，多數都能從此理解仙道訓練體系的架構與內容。

不過，這是根據單修派（尤其是北派、伍柳派）的行法所編撰的體系，事實上該派的主張略有偏頗。而南派的清淨派也屬單修派，在說明上雖無矛盾之處，但是否已道盡一切房中術派仙道的行法，這一點倒令人存疑。

房室養生的技巧通常稱爲房中術，或名房術、陰道、黃赤之道、玄素之道、混氣之法。從房中術的神秘性、衝擊性等特點看來，我個人認爲似乎可以成立另一個不同的體系。

不過，長久以來一直無法明白其眞貌。但與西洋鍊金術的著作接觸之後，一切的謎團完全冰釋。比較這兩者的差異並作解釋時，眼前隨卽湧現以往無人可知、神秘而具衝擊性的體系。

因此，本章主要探索鍊金術與房中術的接合點，並從中抽絲剝繭出隱藏其間的眞正神秘行的技法，做詳盡的解說。

由男性原理與女性原理所創造的玄奧黃金

西洋鍊金術雖然文化背景與東方有所不同，但與中國的煉丹術或房中術極為類似。當然，細微部分有極大的出入。不過，其過程、神秘行的解釋、所獲得的成果等，有令人驚訝的共通性。

比較這兩者極為類似的神秘行，即可從中清楚地浮雕出，以往仙道（鍊金術也一樣）不經意所疏忽的神秘行技法的秘傳。接著，就和各位一同來探討。

不過，對這個領域毫無所知者則不知所云，因此，首先，針對何謂西洋鍊金術、中國煉丹術及煉丹術與仙道之間的關係，做概要的說明。

首先是西洋鍊金術。鍊金術是歐洲所發達的技術。從其效果看來，說是神秘行比技術更為恰當。據說其源流來自阿拉伯（回教徒），但追本溯源則是埃及。

其目的，簡言之是利用非金屬，如水銀、鉛、錫等製作黃金。而製作黃金的目的，當然是為了一獲千金。這是流傳於世間的鍊金術定義。

不過，仔細調查後，這個見解過於膚淺。事實上，他們並非爲了賺錢而實行鍊金術，而是有著更高尚的目的。而這個高尚目的是什麼？卽製作稱爲「賢者之石」的奇妙物質，藉此成爲超越人之存在。

那麼，何謂賢者之石？據說這是從基本物質的硫磺和水銀，根據鍊金術的過程所製造出來，具有神奇效果而奧妙的物質。

當然，他們所謂的硫磺與水銀，並非我們一般所稱的水銀、硫磺。而是存在於這個世界上一切物質的基本要素，相當於現代人所稱的元素。

而水銀、硫磺之用語只是其代表罷了。

讀者們可能被這段話搞的糊里糊塗。其實我本身剛開始也有語焉不詳之感。因此，利用他們的用語做成以下的說明。

硫磺＝能動的特性（表示可燃性、不揮發性、金屬腐蝕力）↓男性、熱性

水銀＝被動的特性（表示光輝、揮發性、化溶性、可鍛性）↓女性、冷性

從此卽可明白，硫磺、水銀有如假名罷了，爲的只是表示物質所具有的相反性質。亦卽用硫磺、水銀來表示正負作用。

鍊金術師們在他們的工作室企圖製造黃金。這幅十五世紀的圖畫，描寫著典型鍊金術的作業風景，但其真正的目的，正確地說是進行超越人存在的神秘行。

我個人倒認爲，男性原理、女性原理的用語，反而更正確地傳達這個意思。事實上，鍊金術主張利用男性原理與女性原理的結合，創造賢者之石。這兩個原理之外，還有第三個表示模稜兩可的要素。它稱爲中性原理，由鹽這個字來表示。

鹽＝運動的特性（表示結合硫磺與水銀）→中性、媒體物質

以上是鍊金術所提及的硫磺、水銀、鹽等用語的涵義。

這些名稱和現實的物質相同，但卻另有其義。因此，包涵於任何物質。當然，並非與實際的水銀、硫磺、鹽毫無關係。主要是把這些要素看成純粹的結晶體。此外，據說這不僅是物質，也和各種現象的發生息息相關。譬如，木材之所以燃燒，是因以下的性質使然。

首先，木材燃燒和可燃性有關，這是基於硫磺的性質。接著會冒煙，是揮發性使然，這是基於水銀的性質。燃燒之後成爲灰燼，據說是運動的結果，根據鹽的性質。

這個說法也能說明人體自身的結構。首先一提的是，靈魂是不揮發性、具有

硫磺的性質。而精神是揮發性，具有水銀的性質。肉體是結合此二者的媒體，具有鹽的性質。

不過，這個解釋有太強的神秘色彩，一般人只是一頭霧水。

據他們所言，人的疾病完全是這三原質的失調或分離所造成。

一般認爲，鍊金術的意義在於現實的物質或作業過程，但似乎並非如此。也許是透過這類現實的工程，進行完全不同的工作，或是神秘行。

有關這一點，鮮少有人提出質疑，不過，到了近世和鍊金術領域完全不同的學者，做出精湛的解釋。那是瑞士的心理學家、精神分析學家，分析心理學的創始者卡爾・古思塔夫・榮格（一八七五～一九六一年）。

據他所言，鍊金術的過程可能是以下的方式。

「鍊金術的實驗者們在進行化學實驗的過程中，會有一種心靈體驗。但這種心靈體驗，據說當事者只認爲是化學過程中的特殊狀態。這是一種投影，因此，實驗者當然未曾察覺，該體驗和物質本身（是我們目前所理解的物質）根本毫無關係。實驗者是經驗了自己的投影。但是，事實上他們所經驗的是自己

的無意識。」（榮格、池田紘一及其他譯《心理學與鍊金術》人文書院）

投影這個用語略微難懂，如果換成「將心的世界投影在現實上」，也許較容易理解。

榮格雖是心理學家，但對鍊金術卻有相當深度的研究，其著作《心理學與鍊金術》的各個部分，充斥著解開鍊金術秘密的暗示。而榮格的這番解釋，也適用於中國煉丹術，甚至一般仙道。有關這一點容後再述。

請各位暫且有上述的知識之後，接著進入中國的煉丹術……。

仙道的內丹法是源自煉丹術與房中術的融合

中國煉丹術也和西洋鍊金術一樣，利用水銀或雄黃、鉛等物質製造黃金。它是呈丹的形狀，有如黃金般閃耀的仙丹，因而被稱為金丹。他們當做不老不死的仙藥服用。中國煉丹術幾乎利用此法，當做物質的黃金使用乃在其次。

至於他們為何有這樣的構想，也許和古代人對黃金所抱持的印象不無關係。

黃金不會腐爛。換言之，物質不變。擁有不變的性質者，以生命而言，代表不死的存在。因此，能夠變化成黃金的物質必定是不死之藥……也許他們有這樣的想法。

當然，在科學（化學？）發達的現代，沒有人會相信這種說法。但是，古代人卻信守不疑。至於西洋的鍊金術也有這類構想。譬如，經常出現在各種鍊金術著作上的「黃金之體」「不死之體」的表現法正有此暗示。

總之，煉丹術師們的嘗試，只一味在物質上求取其素材並無成果。雖然其間也有成功的例子，但多半落得失敗。

煉丹術書中著名的葛洪《抱朴子》，記載著多數服用金丹而不老不死，或空中遨遊等例子。但眞正明白事實上根本辦不到的，是煉丹術師本人。

但是，乍看下毫無用處的努力，在另一方面卻有其成果。因爲他創造出接下來所要談論的內丹法的技法。內丹法是完全利用煉丹術的構想、過程，但把素材、道具完全由另外的事物取代的技法。

譬如，素材用精或氣來取代實際的水銀或硫磺，而容器亦非鼎或爐，轉換成人的身體，再將實際的風或火由呼吸法或意識來取代。

換言之，將煉丹術及其結果象徵化。也可說是針對以往過於拘泥物質的煉丹術之實際過程中，抽取其中所隱藏的眞髓。結果，煉丹術轉變成眞正的神秘行。

這個轉變並不完全是煉丹術的功勞，事實上房中術也有一臂之力。簡言之，此二者融合而成的，正是陰陽雙修之類更爲神秘性的房中術。

以往男性原理、女性原理的合一唯有性意識的牽連才存在的房中術，從此擁有西洋鍊金術的組織性的神秘行體系。相反地，拘泥於物質的煉丹術，則佔有新的材料（精、氣、神）和道具（肉體、精神、靈）。

因爲這兩個神秘行的融合，所創造出來的是內丹法（也稱金丹道）。

似乎是在三國時代末期到晉朝之間有這樣的趨勢，晉朝魏伯陽所著作的《周易參同契》中，詳細地記載根據這個構想的技法。

不過，他也和本來的煉丹術（以實際的水銀或硫磺為素材使用者）一同進行。而針對以往的內丹法，此稱爲外丹法。因爲依然延續著向外界尋求素材，利用外在製作的道具（鼎爐）煉藥。

若仔細看內丹法，和前述西洋鍊金術有驚人的相似處。以下舉例說明。

首先一提的是，男性原理和女性原理的合一。

內丹稱爲「陰陽合一」。這是利用男性原理和女性原理的結合，製造出不老不死金丹（黃金的丹）的構想。鍊金術也是完全相同的構想，據說利用陰陽合一而創造「賢者之石」。和煉丹術同樣，利用此法卽能成爲不老不死的存在。

第二點是，都以實際的化學物質做象徵。

內丹中男性原理是水銀，女性原理是鉛，以特定物質做稱呼。

水銀雖然和西洋鍊金術所表示的性質正好相反（鍊金術代表女性），但卻完全利用現實物質的名稱，做爲男性原理、女性原理的象徵，類似之處令人驚訝。

此外，在此雖然無法詳細說明（在文後的技法部分做詳細說明），製作金丹的作業過程（內丹法仙道是指訓練法）也是藉此產生黑化、白化、赤化等現象（素材變化為其他物質時，出現各種不同顏色），而最後所形成的「賢者之石」「金丹」等各種效果也大同小異。這一點在文後會詳述其類似性，請自我確認。

總之，越往下讀必越驚訝於煉金術與煉丹性的共通性。同時，從此之後，本書整體寫法的步調是，鍊金術與煉丹術一併敍述，採取解說其實用技法的形式。

理由當然是，唯有雙管齊下才能輕易地理解單獨說明鍊金術或煉丹術時，難以解釋的地方。簡言之，希望各位能理解，以這些做爲參考資料的眞正房中術是多麼深奧的神秘行。

神秘作業的準備

首先一提的是，在此所說明的技法是接續前章的神交法。不過，前章若屬於基礎範圍，這裡的技法則屬於更上的階段。但無需惶恐，我會淺顯地說明讓任何人都能瞭解，各位儘管試試看。道路自然敞開。

開始先針對做爲煉丹容器的鼎或爐，及投入其中的材料收集法做說明。

鼎和爐

煉丹術　煉丹必須有容器。而道家煉丹術（外丹）中常用的一種器具，是

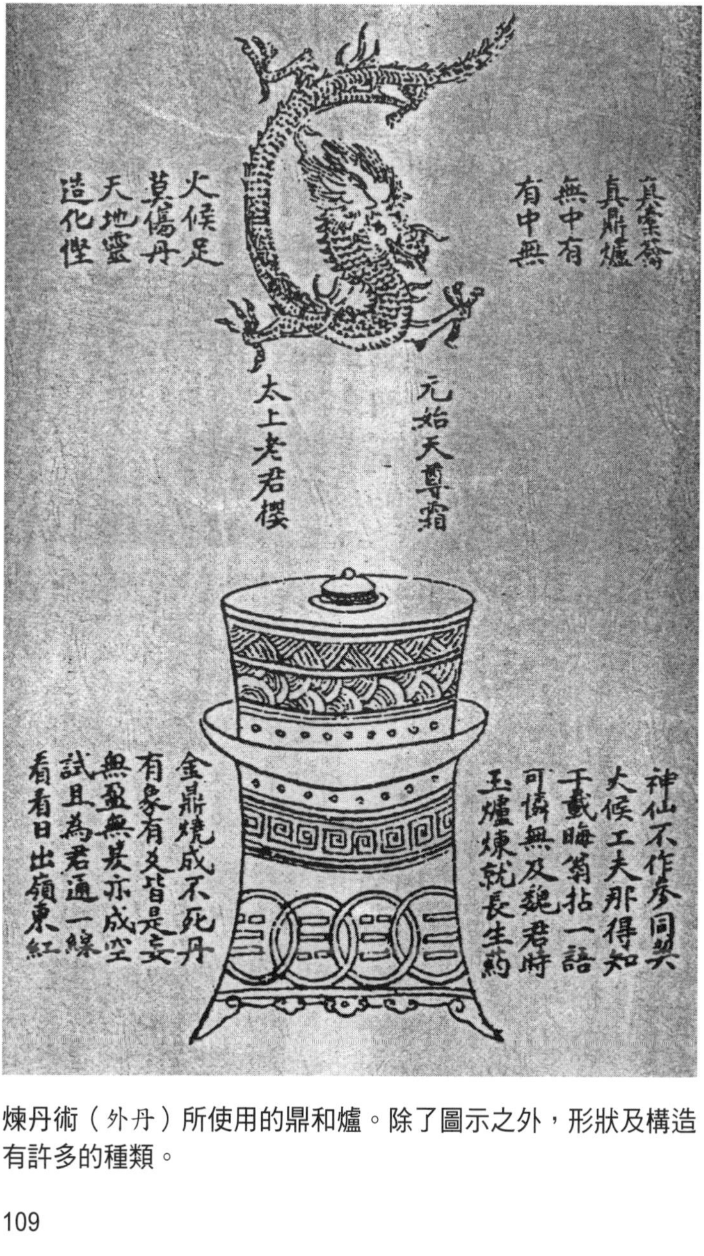

煉丹術（外丹）所使用的鼎和爐。除了圖示之外，形狀及構造有許多的種類。

利用鼎和爐（參照一〇九頁圖）的口小底大，便於將物品放入其中，並且可以密封。如圖示，將鼎置於爐上。

此外，這些容器的材質有銅、鐵、瓷等，構造通常是內空，而外圍有小孔可窺視內面情況，或回轉裝入材料的容器構造。

鍊金術　西洋鍊金術所使用的容器是相當於鼎或爐，而被稱爲哲學家的蛋球形長頸玻璃瓶（frafco）以及被稱爲亞他諾爾的一種爐。亞他諾爾別名鍊金爐，最上層是熱反射圓筒的圓筒形爐，中間有探視窗，最下層是爐口。將哲學家的蛋放入其中，調整各種不同的溫度。據說這些道具必須親手製作。

神秘行的解釋　在神秘行的解釋上，將此以腹，尤其是下腹來取代。在此進行投入材料，進行加熱、煉成等各種處理。這是表示煉丹的場所，又稱丹田。人體上包括丹田，三處煉丹的場所，因此，正確的名稱是下丹田。

投入的材料

鍊金術　西洋鍊金術主張從自然界一切的物質上，收集做爲抽取硫磺與水

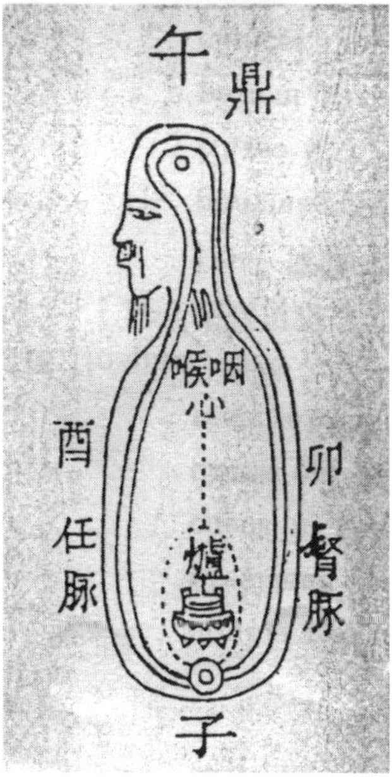

↑西洋鍊金術所使用的爐＝阿塔諾爾（上）和容器＝表示哲學家之蛋（圍於下圖中央的長管玻璃瓶）的圖。

←而在神秘行上，是以下腹部進行煉丹的工程。相當於一般所謂的丹田（正確而言是下丹田）。

銀（純屬原理）的材料。譬如，動植物、礦物及其他林林總總。據說這些材料是個人的秘傳，絕不任意向他人吐露。

不過，舉一例做爲參考，避免各位有不明究理的感慨。

「人類的血、毛髮、尿、糞、雞蛋。」

這是某鍊金術書上所記載的硫磺、水銀的材料。也許有人懷疑這些材料果眞能用嗎？事實如此也無他法。

因爲硫磺、水銀等概念並非物質，純屬潛伏其中的象徵原理罷了。不論任何素材，只要包含這些原理，當事者可以選擇最容易抽取成功的素材。

從這些污穢的材料中採取硫磺、水銀的過程，全憑各個鍊金術師的秘傳。在各位嗤之以鼻之前，不妨先聽我道來，因爲接下來的將是獲益良多的參考。

其一是，某鍊金術書上所記載的：「將金或銀少許放入這些材料中，效果加倍。」

其二是「必須用純化的材料」的記載。其中還指稱：「由金抽取的硫磺，由銀抽取的水銀，以及天然的金都已純化。」

再詳細調查，還發現有「金的純化使用銻，銀使用鉛」的記載。製造產生黃金的賢者之石，剛開始使用金或銀，或其中一部分。這到底是怎麼回事？一般的常識看來簡直愚蠢。既已有金、銀何苦大費周章再製作金、銀？

這裡需要各位腦筋急轉彎。我個人雖和前述榮格的解釋不同，但將此作業看成是心的投影。

換言之，我的解釋是，素材並非重點，問題是從素材當中採取無影無形的眞髓（相當於內丹仙道所言的氣）。若是如此，可從任何素材中採取，而像金或銀之類純化的物質，應可採取更良質的精髓……。

被抽取而出的材料，在鍊金術書上是以王（硫磺）、王妃（水銀）的奇妙稱呼做象徵。

將此二者放入所謂哲學家的蛋容器內，使其結婚（結合）。在鍊金術上，將之前的過程稱爲預備作業。

煉丹術　煉丹術比鍊金術較爲實際。換言之，一開始卽利用水銀、鉛或雄黃等礦物做爲材料。不過，這是精煉前的物質，接著會慢慢將其鍛鍊爲純化物質。

神秘行的解釋　如同前述，在神秘行上，所謂的水銀、鉛只不過是抽象語，所指和煉丹術完全不同。而其中有各種解釋，陰陽雙修派認爲，水銀指男性的陰精，鉛指女性的陽氣。各代表男性原理、女性原理。

這個解釋的原點是……。

我之物爲汞爲離，本外陽而內陰，非鉛投何以結仙胎而成聖；彼之物爲鉛爲坎，本外陰而內陽，非汞合何以結凡胎而生人。（《金丹真傳》）

「我本外陽內陰，爲離，爲汞。」

「彼本外陰內陽，爲坎，爲鉛。」

外陽、內陰的用語，曾出現在第二章南派的介紹中，各位尚有印象吧。因爲男性是外陽性（＋）內陰（－）。離是其型態的印象，稱之爲汞（水銀）。外陰、內陽是女性的象徵，外陰（－）內陽（＋）。坎是其型態的印象，稱之爲鉛。

另外，還附帶一句曰：

「鉛汞兩家，半在彼兮半在我。」（《金丹真傳》）

換言之，煉丹的材料，男女雙方各擁有一半。

而更麻煩的是，水銀、鉛具有其他的意義。可能會造成讀者們些微的混亂，但它卻廣泛運用，因而最好有所認識。

水銀（汞）＝元精（性精力）→龍、離（曾出現於第一章太陰女的故事中）

鉛＝元神（意識）→虎、坎

換言之，房中術的神秘行所做的一個解釋是，把水銀和鉛的結合，當做是男性的陰精（精）與女性的陽氣之合一。而另一個解釋則認爲，此乃精與神的合一（簡言之，集中意識促使性精力集中）。

上述的解釋，恐怕引起混亂，筆者爲了有所區別，以後做下列的表記。

水銀A（男性、陰精），**鉛A**（女性、陽氣）

水銀B（神＝意識），**鉛B**（精氣）

以上說明了煉丹術所必要的用具、材料，接著進入實際的煉丹過程。

人體有大量的材料洩漏

材料的投入與外藥

鍊金術　在鍊金術中，針對前面的預備作業，接下來的工程稱爲大作業。首先將材料，卽硫磺（王）和水銀（王妃）放入哲學者的蛋容器。鍊金術用各種不同的抽象用語，表現這個狀態。

首先一提的是牢獄。這是因哲學家夫婦（王與王妃的別名）被關閉的情景而做此稱呼。另外一個表現法是婚姻的房間。其語原是硫磺（王）與水銀（王妃）的哲學性婚姻（進入哲學家之蛋而有此稱呼）。另外一個是墓，這個表現非常惡毒，但其語源是夫婦結合而死亡。

其中的涵義，難以瞭解。總之，是指男性原理和女性原理被封閉於容器之中，二者融合爲一。所謂死，可解釋爲失去原形。

接著，等候放入鍊金爐中加熱。

煉丹術　煉丹術也是基於同樣的構想，將象徵男性原理的水銀及象徵女性原理的鉛，一併放入鼎內，緊閉外蓋置於爐上。

神秘行的解釋　神秘行將此階段稱爲採藥，進行以下的程序。

①將從女性身上採取的陽氣投入自己的丹田（因人而有不同的部位）。方法可使用前章神交法的第一～三階段（初級功、中級功、上級功）的任何一項。

也許有些人利用第一階段的技法卽成功。而有些人可能必須使用第三階段的技法，否則無法成功。總之，所採取的氣（有時是神）要與自身的氣（精＝水銀）融合。

②這時，下腹（有些人是全身或胃部附近）會突然產生一陣溫熱。如果採取不少對方的陽氣，甚至會有灼熱感。如此陰陽混合而成的物質（其實稱不上是物質），正是鍊金術或煉丹術所稱的男女原理的結合狀態。房中術稱此爲外藥。

③獨自進行而無異性做對象時，若無法聚自身的精於下腹則不成功。

尤其是想做神交法第三階段——沒有對象的雙修法者，必須卯足勁一再地聚集精氣，直到第四章所說明的，出現奇妙狀態（女性原理的出現）爲止。

爲此，平時應留意預防精漏，此技法稱爲止漏法。以煉丹術、鍊金術的立場而言，相當於預防材料從容器漏出的處置。

所謂氣漏，是指以下的情況。其中①最嚴重，號碼越大受害越小。

①熬夜。

②眼睛過勞。

③天候不順、失眠時強已所難。

④暴飮暴食↓尤其③又有此情況最爲嚴重。爲害足以匹敵①。

⑤處理事務時過度緊張。

⑥受制於喜怒哀樂。

⑦易漏精液↓尤其是③④時。足以匹敵①。

⑧以年齡而言，男性在五十歲以上，女性在三十五歲以上，即使過一般的生活也較易漏氣。

⑨氣虛。是指無法熟睡、沒有食慾、對事物耿耿於懷、排便不佳（下痢、便

秘）這是其他原因所造成，但長久持續這個狀態後，氣會漸漸漏失。

號碼較小者出現三、四個時，情況最差。若是個人實行仙道，已無進步可言，即使陰陽雙修的房中術，效果也正負削減無存。必須立即尋求改善，亦即補修。

補修法如下所示。

①刻意改善這些狀態。譬如，儘早就寢或避免酷使眼力。

②實行氣功法、仙道外功法、內功的基礎訓練（調息、下腹部強化法）。詳情請參照筆者前著《仙道氣功法及應用》或《秘法！超級仙術入門》。

③一有空暇則做冥想。即使不做冥想，也儘量閉上眼睛。只是刻意閉上眼睛，即可確實預防氣漏。因爲眼睛最容易漏失氣。

④注意飲食。極力避免白米、廉價肉品、粗劣油、加熱即可進食的熟食品、速食品等。多量攝取維他命、鐵質、鈣質、鎂等必須營養素。

礙於篇幅無法詳述，總之，以常識處理自己的日常生活。

此外，氣虛相當嚴重時，上述的程度無法補救，應刻意攝取精力劑等。

以中國等爲例，不僅是食物，甚至使用童便（小孩的小便）或紫河車（胎盤）。不過，這些都行之過度，千萬效法不得。

但是，鍊金術師從污穢材料萃取精華的傳說，從這些例子即可見一斑。

而我個人則注意飲食。每日大量攝取以下的食品。

蒜頭……………五～六顆

韮菜……………一束

生洋蔥…………半顆

山芋……………一個

不過，上述食品的缺點是，除了山芋外都有特殊的氣味。以及佛教及仙道清淨派所禁忌的，成爲濁精（與前述的元精對立）的肇因。而濁精爲何，正是所謂的性慾。

何以不能產生性慾？因爲它無法停留於體內而一味地往外漏失。尤其處於各種刺激誘因繁多的現代，這一點確實惱人。

但是，它可以利用強烈的火克服。譬如，仙道書上寫的：「濁精必須藉強火改變爲純精（與元精同樣的性質）。」如果反過來解釋，利用火候也有可能維持元精（兒童所持有之精）。下一個章節就爲各位說明「火候」。

撮合龍與虎結婚的黃媒婆

火候

火候，用於道教，本謂煉丹藥的功候，引申作「功夫」。用於料理，則謂烹飪的火力。

材料放入容器後，接著給予加熱，這時最重要的是火候。有關這一點，鍊金術、煉丹術各有說詞。

鍊金術　略微複雜，依下列的方式加熱容器。

第一階段＝六〇～七〇度。

第二階段＝硫磺的沸點與溶解點之間。

第三階段＝比錫的溶解點略低的溫度。

第四階段＝比鉛的溶解點略低的溫度。

經過這些階段，封閉於哲學者之蛋的男性、女性兩原理，再經過後述的各種階段（黑化、白化、赤化）慢慢轉變為賢者之石。

煉丹術　煉丹術在此過程中是使用中國獨特的火候法。其一稱為武火，另一稱為文火。這也是現代中國料理所使用的語詞。武火是指強火，文火是指慢火。火候最重要，稍有疏失，料理全毀。煉丹也是一樣，巧妙配合火候的強弱，慢慢煉成適當的材料。

現代的生活是以瓦斯、電氣爐為主流，一個開關即能自由自在地加強或減弱火候。但古時並無此便利。只能利用送氣管不停地送風，調整火候。

神秘行的解釋　這個構想完全運用在內丹法上。換言之，在體內利用武火、文火之別，提高溫度或降低溫度。當然，這裡所使用的並非實際的火或風，而是意識與呼吸法。

其技法如下所述。

①武火（武式呼吸、武息）

這是將意識完全聚集在下腹，加強呼吸的做法。吸氣比平常深，呼氣時則保持強勁沉穩的壓力，一般是吸息（從鼻）5、止息5、呼息（從口）5的感覺。用1、2、3……的節奏（不需發出聲音）強力地吸、吐息。

止息是停止呼吸，不需有任何動作，但意識必須強力地集中在下腹與肛門間，奮力緊縮該部位。

有關這個呼吸法還另有一說，此一說認爲只要強烈地集中意識，而比平常做較強烈的呼吸卽可。不，甚至也有說法認爲：並不需要呼吸，只管將意識完全傾注於下腹與肛門之間。

到底何者正確呢？事實上，這些問題並不足微道，只管因時制宜。以筆者個人的經驗而言，初學者儘量用強烈的作法，亦卽首先使用前述的方法，習慣而掌握要領之後，再利用後述的方法。

②文火（文式呼吸、文息）

輕緩地集中意識，呼吸則採放任方式的方法。不過，這和平常我們所呼吸的

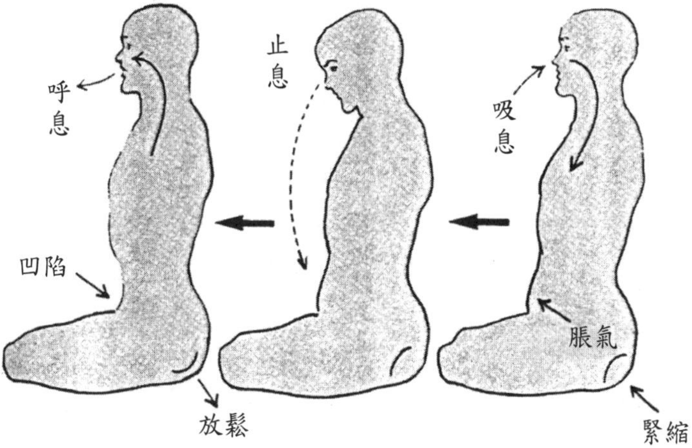
呼息
止息
吸息
凹陷
脹氣
放鬆
緊縮

武火

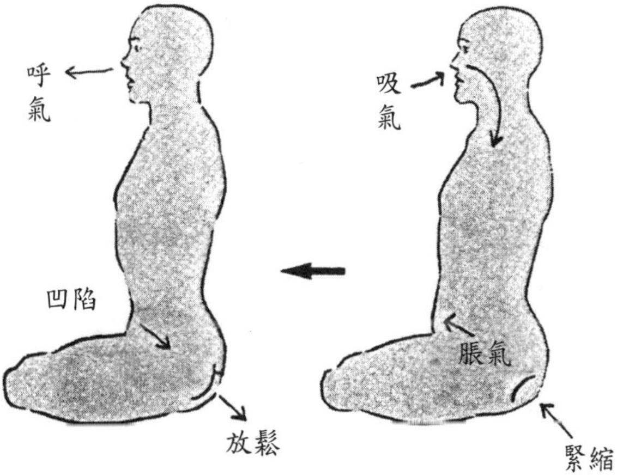
呼氣
吸氣
凹陷
脹氣
放鬆
緊縮

文火

方式不同，多少需要練習。

其方法是，首先吸氣時讓下腹鼓脹，將意識集中到該處有如氣息通達的感覺。呼氣時，相反地使下腹漸漸扁縮，想像從該處吐出氣息的景象。吸氣及呼氣都使用鼻。每日持續練習，卽能做沉靜而深沉的呼吸。此稱爲文式呼吸、文息。

以上，在神秘行的房中術，分別使用武火、文火而慢慢強化混雜於容器（下腹）中的陰陽精氣。

火候的監視（火或丹的控制）

火候還有一個重要的作業。是用眼睛仔細地監視其狀態。卽使全神貫注於送風（呼吸），若不擅加監視，根本不可能調整火候。

鍊金術、煉丹術　鍊金術是從鍊金爐中間的小窗口觀察。而煉丹術如果容器是開放就直接監視，若是封閉的構造，則從附屬的小窗口監控。

神秘行的解釋　在房中術上，這個作業相當於意識的集中，有趣的是，方法和外丹等情況相同，都是使用眼睛。房中術一般稱此為龍虎交媾。

龍虎交媾（利用意識的陽氣控制）

何謂龍虎？龍是指意識。虎指精。交媾意味契合，是現代人所稱的結婚。龍虎交媾於仙道而言，指的是腎氣投心氣，兩氣交融，如男女同房交合，因為在五行上，心屬火，而腎屬水，所以龍虎交媾就是「水火既濟」，這是金丹煉製的和諧狀態。

因此，龍虎交媾的意思是，在鼎爐（丹田）的容器內，利用龍（意識）著實地串連虎（精、陽氣）使其合而為一。

此外，在此也使用前述的水銀B（神……意識、龍）、鉛B（精氣、虎）等用語。換言之，意識（龍＝水銀B）、精氣（虎＝鉛B）的合一。

繼承煉丹術源流的內丹法仙道，意識的集中法也有如此洗練的迂迴說詞。不要批評其艱深難懂，盡情地享受其中的表現吧。

運火煉藥

一旦封牢之後，藥（材料）必須利用火候在容器內慢慢煮沸。

多數人閱文至此，通常認爲這只限於實際的煉丹術或鍊金術而已，其實寓意這些過程的神秘行，情況也完全相同。雖然有人批評未免誇大其詞，卻是毫無虛假的事實。如果在丹田之中（並非實際的容器，如鍊金爐、鼎爐等），未曾感到一股強烈沸騰的熱感，則是冒牌的訓練法。

至於其感覺，大約如下所述。

①人在下腹（丹田）的部位，出現有如嗶、嗶響聲的振動。

②盛聚集在下腹（丹田）的陽氣，彷彿鍋子中食物煮沸般發出沸騰後的滾動、聲音。

上述兩種情況，下腹都會有灼熱感，用手掌碰觸時即能淸楚明白的程度。

當持續在藥（材料）上加熱，不久沸騰滾燙的狀態達到極限時，這股熱騰騰的氣流會突然盈溢而出，開始竄向四處。有如龍虎的精髓得一臂之力，在容器中發飆的感覺。其情況忽而朝上腹攀升，忽而往下腹貿進。其中造成問題的是，朝性器奔騰的方式，這時如果不緊縮性器，會以澎湃的氣勢向外猛衝，隨

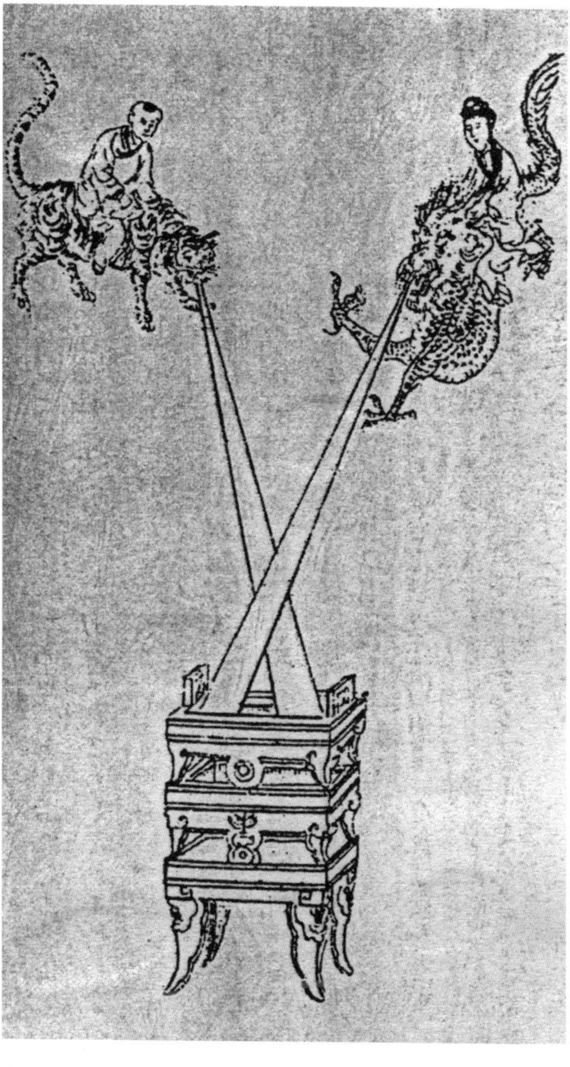

象徵性地表現龍虎交媾情況的圖畫。其所表現的意思是，在鼎爐＝丹田中，利用龍＝意識確實地串連虎＝精、陽氣，使其合而為一。

卽氣漏。如此則功虧一簣，必須從頭開始。

至於該如何緊縮性器呢？只要將意識集中在肛門處，讓該處產生不停的顫動。反覆做此動作，氣勢增強的熱團會急遽地集中在肛門處。這時，肛門周圍會突然變熱。

當然，並非所有的人都有這樣的結果。有些人的感覺是，非常強烈的氣團輕緩地流到肛門處。進行房中術者，通常以後者居多，而前者也不少，最好注意。

接著，如前所述延著竅到尾閭（尾骶骨部）→夾脊（腎臟部）→玉枕（頸後）→泥丸（頭頂部）→印堂（眉間）→膻中（兩胸間）→黃庭（上腹部）→丹田的順序，移動這個熱團、亦卽陽氣（藥所變化者）。這稱爲運火。

在普通的仙道書上，針對氣的一周循環，亦卽小周天有相當詳述的記載，但在此不做詳談。

因爲詳細說明之後，只一味注重循環氣（小周天），結果疏忽更重要的事情。

那麼，更重要的事情爲何？那是運火之後的煉藥。

所謂煉藥，是指鍛鍊藥（陽氣）。如何鍛鍊呢？方法是將它停在竅當中最重要的部位，使用文火慢慢地煉就。

一般稱此爲子午沐浴、卯酉沐浴。換言之，將身體分爲十二部位的十二支，在其中的子、午、卯、酉的部位進行。

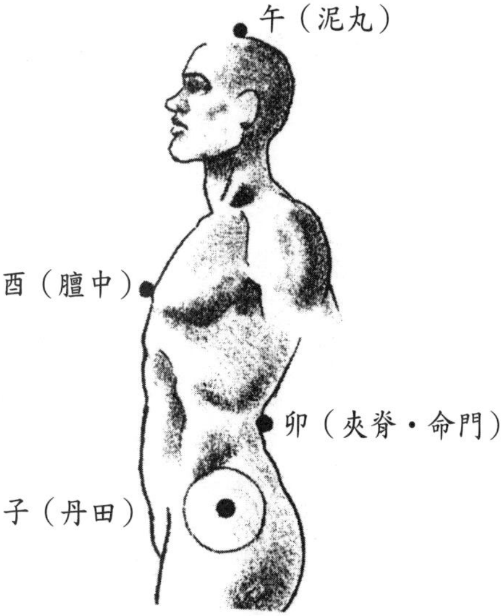

沐浴的場所

所謂子，是指丹田。午是泥丸。卯是夾脊或命門。酉是膻中。

最初的一周（開竅），泥丸是最重要的沐浴場所。而沐浴並非用水淋身。是指在此停住藥，用文火溫養（輕度意識的集中）。

那麼，要進行多久？直到熱團轉變成一股清涼的感覺爲止。當藥（陽氣）上升到泥丸，有些人數個鐘頭後就有這種變化，但多數者需歷經數日。耗費更久時間者，藥已變成老枯（變老而質衰）的狀態。這時必須重新再來。

膻中、夾脊在起初的運火之際，本質並無多大變化。不過，溫養之後會使流通而來的藥，亦卽陽氣明顯地感應而出。

接著把藥帶到丹田。針對前述的外藥，本質已變的藥稱爲內藥。

有關第一回合一周的詳細訓練法，請參照前著《秘法！超級仙術入門》。

確實做好煉藥的技法及其注意點

進行首次的火，亦卽小周天時，泥丸的沐浴（溫養）尤其重要。

此藥的本質變換（熱→涼）才是繼承煉丹術源流的內丹法神髓。與此相較起來，使氣周環全身，根本微不足道。

各位已經明白了嗎？使氣周環全身並非仙道，爲了練氣不得以使氣周環全身才是仙道，爲何這麼做呢？因爲既有竅，又不使用這些場所，就無法改變藥的本質。如果沒有做到這一點，讓氣循環一周根本毫無意義。

成爲氣循環一周的構想源頭，是煉丹術九轉還丹的構想。在爐內無數次處理

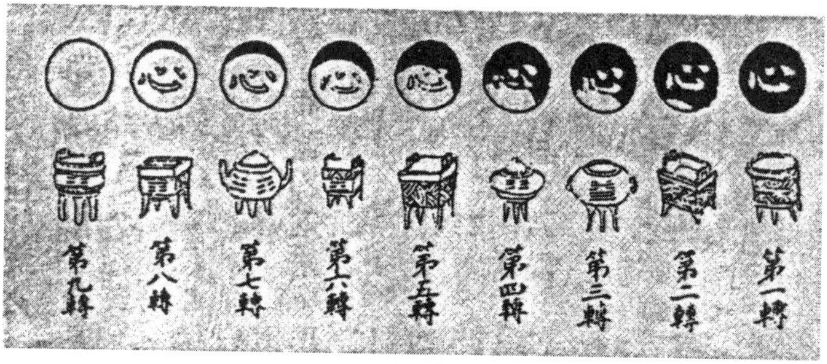

九轉還丹圖

同樣的藥時，據說可以煉就質量更好的丹。理由很簡單，因爲已經純化了。

不過，並不單單放在爐內而已，必須一次次仔細地處理。其實外丹所做的和內丹主張在竅內沐浴是一樣的。鍊金術利用各種不同溫度的加熱（四種），同樣也是基於這個構想。

爲了擊垮進行小周天就是仙道的錯誤構想，幾近囉唆地說明至此，總之，竅內的沐浴不論是一般的仙道或房中術，尤其重要。

前面提及，沐浴的場所指定子、午、卯、酉等四個部位，但是，第二回以後的運火（不寫小周天）一般而言每次都在這四個場所進行。有關這一點，以個人經驗的立場而言，依樣畫葫蘆的做法並不適當。因爲每個人成功地煉藥的場所出入甚大。

在丹田（子）沐浴後，隨卽煉就藥的人最多。不過，無法成功也不在少數。據說某些人在泥丸（午）做沐浴，卽成功地煉成藥。但別人則無法在丹田或泥丸煉藥，不過，膻中（酉）的沐浴則馬到成功。可見煉藥的情況因人而異。

總之，不是讓藥（**陽氣**）繞轉而已，唯有讓它停止於某個竅上做沐浴，才能達到煉藥的效果。在此無意毀損小周天，只希望有心獲得仙道效果的人，務必做煉藥（**沐浴或溫養**）。

接著，爲仙道的門外漢提供一些技法上的注意點……。

①第一回的小周天必須通過各竅，並注意在泥丸使藥質產生變化。有關這一點，前著《秘法！超級仙術入門》有詳細說明，請參照之。

②第二回之後，剛開始爲了讓氣（**藥**）自由流暢，將藥平等置於四處竅內（**不過，泥丸與丹田比其他二竅要花一倍的時間**）做沐浴（**溫養**）。

③當可憑意志自由控制氣流時，接著找出最適合自己的竅，在該處沐浴，亦卽煉藥。

經過上述的過程，不久將發現煉丹術的效果。其效果，將在次章做說明。

第四章

男性、女性原理的合一與煉丹的神秘色發現

黑化、白化、赤化等三個神秘色的出現

西洋鍊金術主張，在水銀及硫磺上加熱時，其作業過程會發出各種不同顏色。其間有三個顏色，各稱爲黑化、白化、赤化。

顏色的差別正是產生神秘效果的泉源，如果摻雜其它物質，必發揮該顏色具有的能力。煉丹術同樣也有三個狀態，在煉丹的過程出現，但以直接達到黃金化的製法居多。

令人深思的是，不利用眞正的水銀或鉛的房中術其神秘行也有這三個狀態，以出現不同顏色的內在光的形式進行過程。

接著就開門見山爲各位介紹其實際的內容。

黑化 Nigredo

在鍊金術上意味著腐敗作用或者分解作用。鍊金術士認爲鍊成賢者之石的第

一步是所有鍊金術的成分必須清洗和加熱成爲一種相同的黑色物質。

鍊金術 西洋鍊金術認爲，哲學性結婚後所出現的石頭狀態就是黑色。這是指放入哲學家之卵內的王（男性原理）與女王（女性原理）結合之後，在卵內死亡、腐壞的過程。鍊金術書用屍體、骸骨、烏鴉等印象表現這個過程。

煉丹術 煉丹術也進行同樣的內容。換言之，在汞（水銀）內投入硫磺。如此水銀的顏色變成純黑，煉丹術稱爲黑砂。

以現代的方式表記，如下所示。

水銀＋硫磺↓硫化水銀（黑色）

以下所提僅供參考。煉丹術中的死意味固定物質，這時是指水銀與硫磺確實融合而不再游動。

神秘行的解釋 神秘行將這個階段用以下方式象徵化。換言之，將藥納入丹田。然後閉上眼全神貫注於丹田，不過，藥尚未煉就，其中只見一片黑暗……屬於這樣的階段。

這是指開始陰陽雙修法之後，到達白化之前的所有狀態。

白化 Albedo

鍊金術　黑化之後再給予加熱時，賢者之石會變化成白色，即達到了完美純潔的境界。鍊金術將這個階段稱爲復活。因爲根據鍊金術的結婚，因交融而死的王與女王的骨骸，又有嶄新的生命誕生。在鍊金術書上，用復甦的肉體、白鳥等印象表示。

此外，據說這個狀態的石頭，具有將非金屬變化爲非黃金的銀的功能。

煉丹術　《抱朴子》中有稱爲黃金化之法。其中記載著：「用礬水石二分，入鐵之容器中，加碳火沸騰，爾後投入汞（水銀），再給予攪拌。沸騰六、七回後，注入地面則成白銀。」既然煉成銀，和鍊金術是相同的。白化所指似乎是，煉丹術中煉就銀的階段。

神秘行的解釋　白化的神秘行解釋如下。

在小周天的最後階段，冥想而閉上眼時仍然可看見光。當然，這是白色的光。在丹田做沐浴者於該處，而在泥丸進行者則眼前會漸漸明亮。煉藥越久這

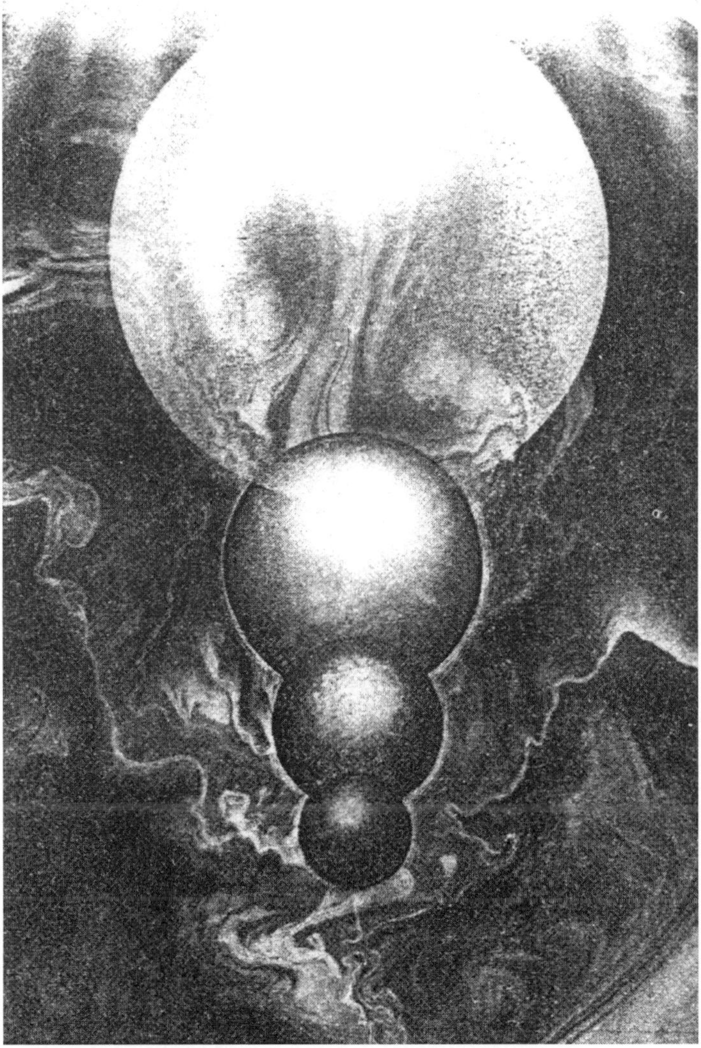

道光越來越炫目。

不過，這也有個人差異，光的發現狀態出入甚大。有些人在一片黑暗中突然看見白色的光點，光點漸漸地擴大。而某些人則眼前突然冒出光亮，不久這個光團中出現瞬間發出燦爛白光一閃一閃地點滅。

此外鮮少有其它例子，不過，似乎也有剎那間突然出現巨大白光的情景。

總之，個人所見有極大不同，只能憑個人的經驗去確認。

但不論任何情況都有其共通之處。這一點務必確認清楚。否則恐怕只見到幻覺上的白光罷了。如此好不容易一路走來，仙道終歸沒有任何成果。

接著用問答的方式，請用〇、X作答。

〔Q1〕光的強弱與藥（陽氣）的強弱成比例嗎？換言之，陽氣的力量越強，光也變得越明亮嗎？

〔A〕（　　　）

〔Q2〕看見光時，體內出現一種沉醉感嗎？

〔A〕（　　　）

〔Q3〕看到光時，是否有一種驚懼感或不快感，甚至寒意？若有這種感覺有可能是超自然現象（被靈附體）。

〔A〕（　　）

〔Q4〕光出現之後，身體狀況大幅地好轉嗎？

〔A〕（　　）

〔Q5〕出現光之後，身邊有越來越多的同伴嗎？或者人稱性格變開朗了？

〔A〕（　　）

以上的問題中，若出現四個以上的〇，毫無疑問已出現煉丹術的效果。

若是兩個以上，稍嫌不足。必須再做訓練。

只有一個〇的人，完全不行。尤其是第三個問題之後是〇的情況，幾乎等於零。可能是看到幻覺之光，必須從基礎再來一次。

結果是零，表示毫無效果，看到的只是幻覺上的白光。

據說在單修派的仙道，利用這道白光煉丹並使其凝固時，可以煉成小藥（陽氣團）。它雖然沒有不老不死的效果，卻具有治癒萬病的神效。房中術派並不在意這一點，把焦點完全投注於更具效果的紅色光。

赤化 Rubedo

鍊金術　西洋鍊金術主張，白化後經過彩虹的所有色調，賢者之石會變成發亮的紅色，使之有生命，這個階段稱爲赤化。在鍊金術書上，用不死鳥、塘鵝、帶著王冠的年輕國王等印象來表示。

據說將它混入熔解的金內，做一定的處理時，質及量將會無限的變高、增大。鍊金術稱此過程爲發酵。藉此而誕生了賢者之石。

賢者之石據他們所言，是「紅色、透明而具有流動性的液化可能之石頭」。任何物質不論其性質如何，只要讓它滲透在內卽變成黃金。

煉丹術　一般在黑化所形成的黑砂（硫化水銀）加熱則會赤化。

不過，仙道所重視的是金丹，因此，通常直接尋求黃金化而忽視赤化。有關這一點，請接續前述的《抱朴子》的黃金化法之後再閱讀。

「取丹砂水、白青水各一分，雄黃水二分，於鑪中加微火上令沸。此以白銀納於其中，多少自在，可六七沸，注地上卽成上色紫磨庚也。數攪之令相入，復加炭火令沸，以此爲妙。」

神秘行的解釋　在房中術的神秘行，由於承繼煉丹術的系統，更接近於這個狀態。換言之，文中寫到出現白色光之後，隨卽出現金光（黃金之光）。我們從趙避塵的《性命法訣明指》舉例說明。

「爲蟾光，其光色，黃色之色。」

蟾光乃瞬間所出現之氣，是指人天生所持有的先天之氣。

「卽是、採藥過關時、慧命經集說云、或放白光、或放金光。」

不過，經過多方調查之後，這似乎並非單純的金光。因爲有書上如此寫道：

「金光之舍色，紅黃。」（《性命法訣明指》）

「或丹光湧出。明如金錢、赤如火珠、由大眼角流出、累累成珠、一連二三珠、滾滾滴下……」（《大成捷徑》真陽發生、陽光二現）

有關這一點，煉丹術也有值得深思之語。那是所謂的大紅升丹。據說製作此丹，會變成中心是黃金、周邊呈赤紅的狀態。因此，此丹中央稱黃升丹、周邊稱紅升丹。當然，據說效果是一樣的。

寫出此丹的材料做爲參考。材料是水銀、硃砂（**水銀化合物**）、雄黃、硝石、雄黃、硝石、白礬、青礬。

以當今色彩論的立場而言，眞正的紅色稱爲金赤，由金製作而成，因此，這兩者可當做是相同的物質。

總之，屬於內在訓練的房中術的神秘行，竟然和煉丹術（**也和鍊金術**）有如此神似的地方，幾乎令人畏懼。光是想像其中的狀態，不免令人發覺其間有太多的共通之處？而這個狀態正是煉丹術或鍊金術的實態。

三個閃光告知不老不死仙藥的出現

陽光三現

事實上，內丹法仙道所稱的白化、赤化的狀態，是非常重要的階段，稱爲陽光三現。因爲這個階段結束後，不久將煉就不老不死仙丹的大藥。

爲何稱爲陽光三現？因爲這個過程中有三次發生燦爛的金光。接著我們來看何謂陽光三現。

①陽光一現

「成爲眞的『馬陰藏相』時，性器開始內側收縮。此際，丹（藥）發出燦爛金光。有如越過雲雷間的閃電。閉上眼周遭卻顯得明亮。首先，該光瞬間出現於眉間，不久彷佛從丹田處上升至雙眼，發出猛烈而燦爛的光。這正是陽光一現。」（《大成捷徑》真陽發生）

文中所出現的「馬陰藏相」，是指男性的生殖器（陽具與睪丸）突然收縮變小，猶如孩童一樣——這是精氣內斂，精已煉化爲氣的現象。出現此狀態後幾乎（甚至絕對）不再漏精。

爲何有如此現象？因爲仙道訓練的效果也讓身體回復到孩童的狀態。換言之，變成「精未漏」的狀態。而女性這時則變成「斬赤龍」的狀態。這是生理停止，乳房收縮的狀態。是身體回復到初潮前的少女狀態。

千萬不要以爲是開玩笑，並揚言自己可不願意變成這樣的狀態。因爲它可以回復原樣。在習得更深奧階段的技法之前，必須有這個狀態。只要產生這個狀態，此後則能如願以償。不論是返老回春或變成老人，自由自在。同時，可隨個人的希望，男變女或女變男。

事實上，陽光一現是指，前述的白化階段所出現的白色光的狀態。發現這道光後，已進入陽光二現的階段。如果出現白色光時，性器並未收縮，亦卽沒有「馬陰藏相」時，必須再旋轉河車（小周天）否則不會出現陽光二現。

有關這一點，《大成捷徑》做此記載。

「火候不足，性器不收縮時，必須爲煉藥再旋轉河車。進行數次、數十次，輕輕而徐緩地沐浴。達到三百回之後卽爲完成。」（《大成捷徑》真陽發生）

單修派者，尤其爲健康而做仙道的人，通常在此階段結束修行。換言之，誠如前述白化所記載，製作小藥而運用於治癒萬病。這似乎是鍊金術所稱的銀製造。

不過，以正統神秘行爲目標的人，絕不可安於這個階段。必須尋求更高價之

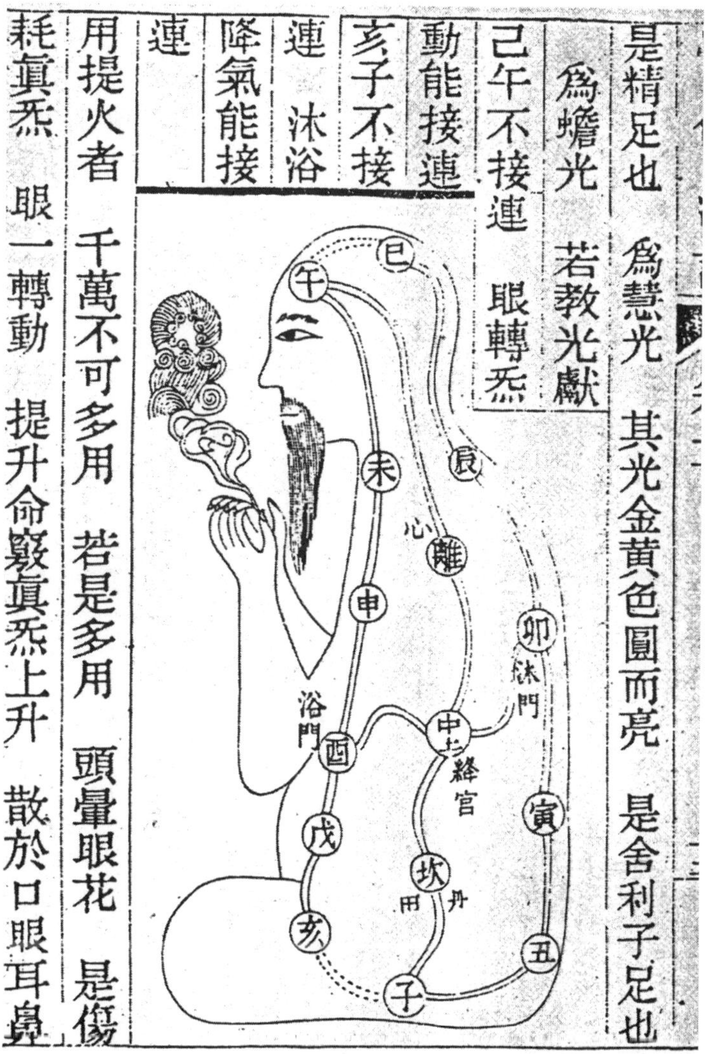

著名的仙道書《性命法訣明旨》卷十一所表示的陽光三現之圖。陽氣所發出的舍利光與意識集中所發出的光合而為一時，終於產生大藥。

藥，為求大藥而一再努力。

②陽光二現

「煉藥效果到達性器時，睪丸會先收縮，然後陽具也收縮。完成之後陽光再度出現。冥想之中，下腹部出現丹光（圓形光），陡然上升到達眼部。結果，雖然閉上眼，周遭仍是一片明亮。想睜開眼時，燦爛的光連續炫耀二、三次後停止。」（《大成捷徑》真陽發生）

以上是陽光二現的情景。而《大成捷徑》中也記載著與此不同的例子。那是前述的「赤化」例子。

「或出現丹光。其明亮也如金幣，紅赤有如火珠。從眼尻內側流出，成為串珠的狀態。連續滴下，落入身體，似乎聽得響聲。此狀態為陽光二現。如果性器不收縮，即使順利到達此階段，一旦性慾發作，隨即以澎湃的氣勢從該處洩漏。」（《大成捷徑》真陽發生）

誠如《大成捷徑》的作者柳華陽（實際為口述）一再叮嚀，不難瞭解製作不老不死仙丹時，性器的收縮有多麼重要。不過，這是結果使然，眞正的目的在於不再漏精。換言之，所謂神秘行，一言以蔽之乃不再漏精、不再漏失自己的精氣。爲何有此需要？因爲爲了發生後述神秘行的神奇現象，必須有相當猛烈的力量。

③陽光三現

陽光三現是丹功煉精化氣階段中，眼前三次出現閃光的景象。

「陽光二現後，性器若起收縮，隨卽止火（強烈貫注意識）。守住這個，在丹田的眞陽之氣卽發出舍利之光（陽氣發出光者）。

同時，看見另一個光，它慢慢上升到眼睛附近。這是意識之光（因意識集中所發生之光）。此二光不久串連，從肚臍到眼部，有如電光般終日飛馳。這是黃金之光，其中的顏色是帶著赤紅的黃色。兩種顏色之光有如花的雄蕊與雌蕊，當光變得十足燦爛時（精力充足）自然合而爲一。到此狀態卽產生大藥。」

（趙避塵著《性命法訣明旨》卷十一）

陽光三現之後，爲止火的信號，終於產生大藥，也是煉精化氣小周天階段的徵象。

小藥與大藥相當於鍊金術的製銀與製金之差

大藥的發生

「大藥發生時，氣穴（丹田的別名）內出現某種氣勢澎湃滾動的感覺。一般出現在陽光三現的一、二日之後。但有時隨卽發生。丹田中突然出現一回、二回某種滾動的跡象，且令人感到些微的疼痛感。

數次微痛之後，丹田內有某種感覺。這個感覺一出現，隨卽開始轉動，不久以肚臍爲中心展開猛烈的回轉。約乒乓球大小，而其熱度彷佛用火烤燙的鐵球。

這時，穩定心緒淡淡地將意識投注其中，不久回轉將慢慢停止，最後出現滾動的珠狀物。這就是大藥。

它又帶著強烈的氣勢，夾其氣勢朝胸口猛進，但卻無法穿通。接著又以澎湃的氣勢朝性器貿進，但此處用力緊縮則無法通過，讓其氣勢往下降，朝會陰翻

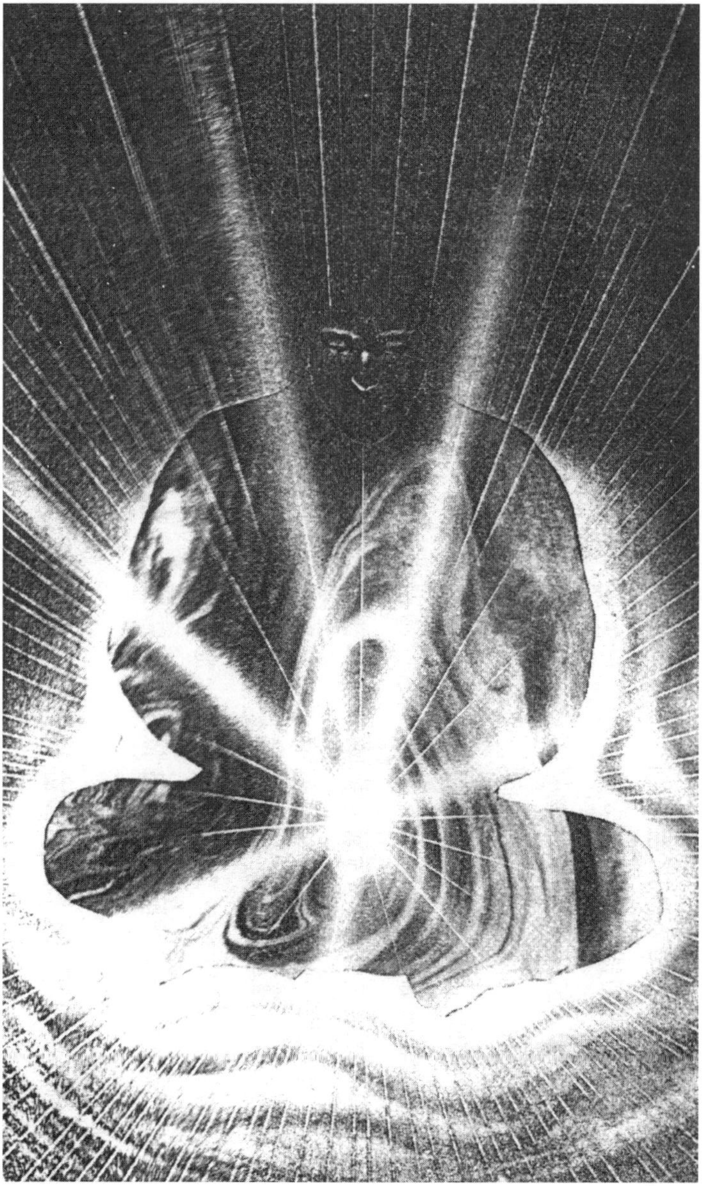

滾轉下。

這時要注意的是，剛開始千萬不可用意識牽制。如此作法，大藥將四處亂竄，難得的成果卽化爲泡影。

總之，靜待大藥自然啟動，當其到達會陰時，才用意識主導其前進方向。換言之，並非『引大藥，而後動』，而是『大藥動，而後引』。這是使大藥運行時最重要的要領。如果無法變成此番情況，則二次、三次靜候大藥自然啟動，然後才用意識引導三關、九竅（尾閭、夾脊、玉枕等）。」（《大成捷徑》大藥產生天機真訣）

以上大致是大藥發生的情景。而我個人則略嫌衝勁不足。當然，《大成捷徑》的作者柳華陽也許是有這樣的體驗，不過，實際上會陸續出現令人更感到快適的絕妙狀態。

從其他版本取其中一例吧。爲了讓各位詳盡瞭解各種快感發生前後的狀態，從陽光一現（白化）發生之前做介紹。

「長回河車於午位（泥丸）溫養（沐浴）時，陽氣（藥）之質漸漸變化，津液（唾液）漸漸甘甜。吞下甘甜的唾液，陽氣順著唾液往喉、胸、腹滑下。

不停產生甘美唾液時，不久感覺芳香。起初只有鼻部感覺芳香，慢慢擴散到口全體，最後籠罩於全身。如此則該人體內的惡臭或污臭自然消失。此時身體清淨舒爽，其感覺無法言喻。一旦出現甘美唾液或芳香時，冥想中在臍附近將看到朦朦朧朧的霧狀物。接著再做冥想盤坐，朦朦朧朧的狀態將消失，閉上眼甚至可看見體內有如透明的狀態。

經過這個階段後，丹田附近會漸漸出現小光點。這個光從點狀漸漸變大，不久全身籠罩在光內。此際，丹田出現一團氣。起初顯得模糊，但不久以臍為中心逕自朝右回轉。隨著回轉速度加快，力量越來越強。同時，氣團漸漸變小、收縮。這時，身體籠罩在極度的快感，陷入陶陶然的薰醉狀態。這個感覺強過數十倍男女間床第之歡。呼吸變得極度微弱，最後彷彿靜止的狀態。

突然，在鼻與下腹間，出現燦爛的白光。此光在上下回旋，漸漸變小，最後靜止於胸與腹間。自己的肉體及外在的一切已消逝無蹤。最後，位於丹田的氣團，變成乒乓球的球狀，以強烈的氣勢四處亂竄。忽而朝向性器，此處不緊縮

則朝向會陰，再順勢往尾閭貿進……。」（許進忠著《築基參證》第十一章靜坐時小藥的採取）

雖然文中明言此乃小藥採取，其實也可以當做大藥發生情景的參考。有關小藥與大藥之別，有各方意見而議論紛紛，但我個人認爲，在陽光一現所煉丹者爲小藥，陽光三現之前的過程爲大藥。

其根據是以下的說法。

「火候（實為煉丹法）不足，性器不收縮時，必須爲煉藥再旋轉河車。進行數次、數十次，輕輕而徐緩地沐浴。達到三百回之後卽爲完成。」（《大成捷徑》真陽發生、陽光一現）

「得小藥之人，若有興趣再回轉河車三百回，可做將來止火、大藥採取的準備。」（許進忠著《築基參證》第十一章・靜坐時小藥的採取）

看以上二文，都主張三百周天後卽完成大藥。當然，嚴格地說，《大成捷徑》是指陽光二現，其後卽使沒有三百周天，陽光三現、大藥產生也接續出現，換言之，也可說成是大藥產生。所以，小藥、大藥的過程相同，其間只有更為完全與否的差別。

足以佐證此說法的《性命法訣明旨》中，在卷十六有此主張「小藥的發生……精氣不足為小藥。陰根（性慾）動時發生。」

它的意思是，陽氣（藥）的煉法尚未完全時，則是小藥。當然，小藥並非毫無益處。因為誠如白化階段所敍述，它乃治癒萬病之藥。不過，這完全是鍊金術所稱的銀，若想朝正統的神秘行邁進，必須達到鍊金術的金，亦即大藥的境界。

《老子道德經》的神秘經驗乃內丹完成的過程

在此，介紹一個頗饒興味的事實。其實有一說認為，從小周天到大藥（或小藥）的內丹法的各種經驗，正是《老子道德經》所描繪的神秘經驗。各位也許存疑，但卻是事實。在此引證《老子道德經》中數例，說明相當於仙道的那一個階段。

首先，再一次引用《老子道德經》的那個部分……。

「谷神不死，是謂玄牝。玄牝之門，是謂天地根。綿綿若存，用之不勤。」

（《老子道德經》第六章）

我們仙道修行者對於這部分，做以下的解釋。

首先是谷，可解釋爲深奧或慾望，形容「道」虛空博大，象山谷。重要的是「神」，形容「道」變化無窮，很神奇。換言之，意識爲中心。

不死，可解釋成不消失、不消滅。

玄，原意是深黑色，牝，本意是雌性的動物，這裡借喻具有無限造物能力的「道」，玄牝指玄的母性。

根據《玄宗內典》的《老子道德經》記載著：「橐籥，卽是玄牝也。」所謂橐籥是鍛冶匠所使用的吹風管，仙道則指「虛空」。

因此，可做以下的翻譯。

「深層意識不會消失，或追求意識不消失的狀態時，將進入浩瀚的境界——虛空。虛空的入口是天地萬物出現的根源（這就是神秘的雌性——女性原理）它雖看似細碎輕微，絕非無。而且如何窮究也無盡頭。」

順便也解釋第十四章。這裡所描繪的是更具現實性的仙道神秘經驗。我們先看其原文。

「視之不見名曰夷，聽之不聞名曰希，搏之不得名曰微。此三者不可致詰，故混而爲一。其上不皦，其下不昧。繩繩不可名，復歸於無物。是謂無狀之狀，無物之象，是謂惚恍。迎之不見其首，隨之不見其後。執古之道，以御今之有。能知古始，是謂道紀。」（《老子道德經》第十六章）

原文略爲冗長，翻譯後迎刃而解。

「這個是想看卻看不見，稱爲難以掌握者。想聽卻聽不到，稱爲稀薄者。想用手抓卻抓不著，稱爲微細者。這三者的形狀無法再深入窮究，混雜融合爲一。雖位於其上卻不光明亮堂，位於其下也不顯德昏暗晦澀。一再串連也無法命名之，只有回復到虛空（沒有任何一物之處）。此稱爲沒有外形之形、沒有物質的現象。或被稱爲恍惚（茫然而無固定形體狀）。

想從前方看它，卻無法看見其開頭，想從後方窺視，卻不見其背影（結束）。不過，唯有利用掌握道之原理，才能制御目前之狀態，慢慢瞭解位於所有一切之根源者。」

這似乎是絕頂奧妙的境地，但對於從事仙道者而言，卻是極爲普遍的經驗。以下提供一例做爲參考。

首先，伍柳派仙道之祖，柳華陽在《金仙證論》中，敍述了以下的經驗。

「隨著煉氣的通達，全身籠罩在幾近溶解的酸麻，感到一股無可言喻的快感。這個感覺從指頭開始，慢慢遍佈全身。……不久，意識進入浩瀚而不可捉摸的世界，天、地及自己混沌交融，再也無法區別。這正是一切混沌而呈一體化的世界。」

若以現代的例子而言，幾乎不勝枚舉。其次所介紹的是，記載於《訪道語錄》中的虞陽子仙人和其弟子間的質疑問答的情況。

「一坐卽入茫然狀態，忘卻一切。氣充滿體內，全身被光包圍。呼吸在泥丸和湧泉間上下反覆。或許這是無意識胎息？再者，入坐越久，通常的呼吸變得輕微，有時甚至有不做呼吸之感。」（李樂俅《訪道語錄》凌氏的經驗）

這裡所出現的胎息，是指仙道修行到達極上乘的地步，進入幾乎不做呼吸狀態呼吸。這是模仿胎兒在母胎時的狀態（使用口、鼻而不做呼吸）而做此稱呼。

「每天早晚，先做太極拳及導引之後，靜坐三、四個鐘頭。我的河車已開通，一切順其自然。最近只有在泥丸略有一點意識而已。相反地，平常會突然出現混沌的境界，進入忘我的狀態。且能保持這個狀態結束靜坐……」（李樂俅《訪道語錄》侯氏的經驗）

看到這樣的經驗，一般人也許以爲程度相當高，其實以仙道而言，似乎並沒什麼了不起。

有關這一點，他們的師匠虞陽子仙人對淩氏說：「這是非常好的狀態，你已進入完全冥想的境地。不過，從呼吸的狀態看來，尚未到達眞正的胎息。」

此外，他也對侯氏說：「這是非常美妙的狀態。唯有超越的意識煌煌閃耀，處於忘卻一切事物的境地。似乎是玄關已開（《老子道德經》所稱的玄牝之門）的狀態。」

從虞陽子的談話，卽可明白這毫無疑問的是《老子道德經》中所言「谷神不死，是謂玄牝。玄牝之門……」。如同對起初的凌氏所言：尚非眞正的胎息，以仙道的正統階段而言，這只不過是入口罷了。

所謂胎息，是小周天之上的大周天階段在完成時所出現的呼吸，這時眼前會突然躍現令人難以置信的狀態。

至於正統的階段，前述柳華陽的師匠伍沖虛著《仙佛合宗》有此記載。

「初入定時，守定三月，則二炁之動機甚微，但微動於臍輪之虛境而已。若守至四、五月間，則二炁因元神之寂照，以至服食已盡，而皆歸定滅。元神因元炁之培育，以致陽明不昧，而得證眞空。二炁俱定，食性已絕，獨存一寂照之元神，以爲胎仙之主矣。更守至六、七月間，不但心不生滅，亦且昏睡全無。更守至八、九月間，則寂照已久，百脈俱住。更守至十月，則候足純陽，神歸大定。於是定能生慧，自有六通之驗。六通者，漏盡通、天眼通、天耳通、宿命通、他心通、神境通也。前煉精時，已有漏盡一通，至此方有後五通之驗。」其大意如下：

「大藥完成前後，進入深奧的忘我境地。唯有進入這個境地才有胎息。同

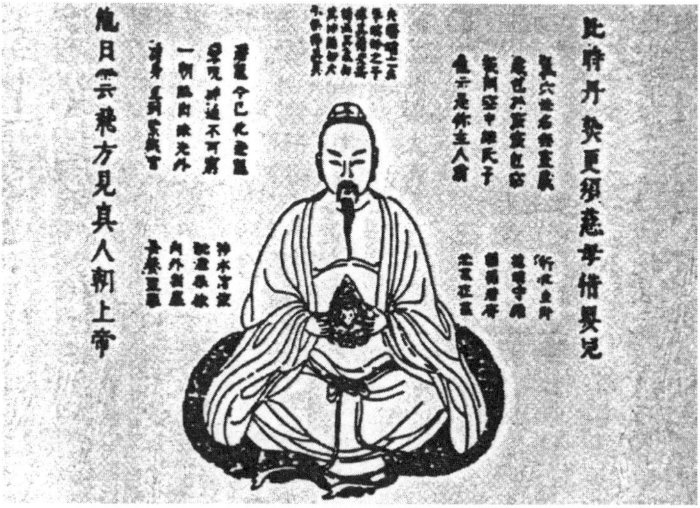

藉著大藥的作用，培養腹中出現陽神的仙人

時，其是否屬實，完全由此狀態決定。胎息並非一次而完成，是循序漸進地完成。

起初是不使用口與鼻的程度，到了第三個月，二氣（性氣＝精神熱能、命氣＝生命熱能）位於臍部，搖盪擺動。

到了第四～五個月，二氣落實，漸漸不再有食慾。

第六～七個月，內心煌煌閃耀，即使熟睡中，意識仍然清醒（不會消失）。

第八～九個月，身體百脈（一切經絡）完全靜止，不再鼓動。

第十個月完全進入胎息，只有先天之氣因不識神（無意識）的作用而流動。精、氣、神一切歸一於神（此神是指陽神），六神通（超能力）具備，到達『煉氣化神』。」

其中所出現的陽神，是氣所形成的不老不死的分身，正是大藥的作用經過漫長時間後出現的。此後利用這個陽神，讓自身的肉體也轉變為不死的狀態，這就是仙道的修行。

我想各位至此已然明白，《老子道德經》是敘述內丹深奧經驗的著作。當然，老子的時代尚無內丹的存在，因此，這應該是古代相傳的神秘行房中術。

不過，這些經驗說成玄牝，亦即神秘的雌性，似乎是暗示著女性原理。有關這個問題，此後會慢慢給予答案，請拭目以待。

仙道的不老不死金丹和鍊金術的賢者之石幾近驚訝地一致

本章的說明將進入佳境。進行內在煉丹法、內丹法時，最後將有其精華、大藥產生。另一方面，以鍊金術而言，在前述的赤化之後，據說會發生「賢者之石」。

賢者之石（Philosopher's Stone）是一種存在於傳說或神話中的物質，其型態可能是石頭（固體）、粉末或液體。它被認爲能將卑金屬變成黃金，或製造能讓人長生不老的萬能藥，又或是醫治百病。

有關這一點，我們再次翻閱鍊金術的著作。

赤化 經過彩虹的一切色調，石頭轉變爲閃閃發亮的紅色。

據說，此後經過發酵的階段，就完成了賢者之石。

發酵 將紅色石混入熔解的金內，做一定的處理。結果在質、量上無限地增高、變大，據說這就是賢者之石。而它是「赤紅、透明、具有流動性的液化可能之石」。

從上述的說明卽可明白，賢者之石並非一般的石頭。也令人懷疑是否是普通所謂的礦物或物質。因爲，事實上果眞有透明、具流動性而液化可能的石頭嗎？

我個人認爲，它和大藥一樣，是從精妙的對象（譬如氣）所構成的懸疑物質。姑且不再深究，據說賢者之石有以下各種不同性質。

特質①　滲透於一切物質（不論軟、硬）使其變化爲最適於製作黃金的性質。

使用這個性質正是鍊金術的金製造。正式名稱是Projection。把非金屬改變爲貴金屬的方法。

根據鍊金術書記載，這是把金屬（水銀、鉛、錫等）事先熔解，再投入一把賢者之石。因賢者之石的作用滲透，卽變化爲黃金。

特質②　治癒人類所患的各種疾病。同時，也帶來無比健康。

這是仙道的小藥、大藥都具有的效果。爲何它們稱之爲藥？因爲當初的製作正是爲此目的而來。此外，賢者之石還有各種不同的效果。

隱形　看不見鍊金術師的形貌。

空中浮游　可自由在空中飛翔。

通靈　能與天使交流。

究理　得知萬物窮究之理。

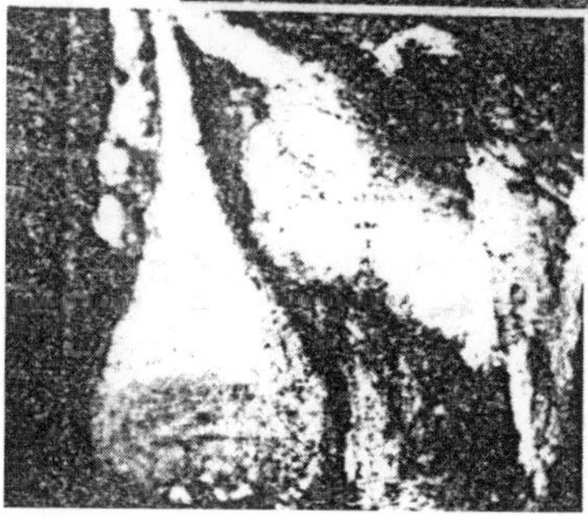

↑ 展示位於右手的哲學家之卵內所形成的賢者之石的鍊金術師。

← 將其部分擴大的圖面，賢者之石除了製造黃金外，還有其他各種效果。

生命再生　植物從灰燼復活。據說動物也有可能。

生命創造　創造出人造小人。

由此可見，製造黃金只不過是賢者之石用途中的一小部分而已。

事實上，所謂賢者之石的效果，和服用仙道大藥後的效果類似。

譬如，鍊金術所謂的萬能藥，相當於早已問世的仙道小藥。大藥也具有這個效果。它們之所以有藥之名，正是有這些效果之故。

至於黃金，內丹法（利用氣）並不重視，但外丹法則利用水銀、鉛等頻繁地製作。當然其用途是前述的藥（不死之藥），毫無做爲黃金買賣而獲利的念頭。

隱形、空中浮游是仙道術的絕活，閱讀仙人的事蹟，通常都有一、兩個例子。對此有興趣者，請參照拙著《仙道術遁甲法》。

通靈、究理相當於仙道所稱的六神通（六具神通），即天耳通（透聽）、天眼通（透視）、他心通（讀心）、宿命通（預知）、神境通（時空超越）、漏盡通（精完全不漏）。若有仙人對此六神通一竅不通，則屬二流以下。

而最後的生命再生與生命創造，調查後發現也有所做所爲完全相同的仙人例子。不過，我認爲這一點最好採用內丹派的構想。換言之，不把它當做物質的現象，最好看成相當於陽神、分身等氣所形成的生命體。

事實上，除此之外還有兩個尚未提及但非常重要的效果。

其一是男性原理和女性原理的結合。

其二是肉體的返老回春（與不死有關）。

先不談肉體的返老回春，但男性原理和女性原理的結合，正是房中術原有

使用空中浮游術的仙人

的構想，它似乎暗示此二術的共通性，值得深究。

老實說，這些比賢者之石的應用效果，對鍊金術而言更為重要。因爲若無這個原理及其過程，根本無法完成鍊金術。更進一步地說，它並不單是一種印象，而是以物理性所出現的一種現象。

男性與女性同時具現的現代鍊金術師富爾卡內利

以下介紹一個頗令人感興趣的例子。那是號稱現代鍊金術師的法國富爾卡內利的故事。

被認為史上最後鍊金術師的富爾卡內利是號稱二十世紀鍊金術師的人物。換言之，和我們幾乎處於同一時代。

他之所以成爲人人知曉的名人，是因其弟子尤金‧坎塞利特（Eugene Canseliet）借用富爾卡內利之名發行一本著作叫《大教堂之謎》（Le Mystere des Cathedrales）。這是敍述潛伏於寓意歐洲代表性教會的鍊金術著作，知道門路者來閱讀，必發現它是鍊金術最精湛的教科書。

根據坎塞利特所言，一九二〇年代當他事師富爾卡內利，開始接受金屬變換的指導時，富爾卡內利外觀看似八十歲左右的老人。但是，坎塞利特在一九五四年於西班牙與富爾卡內利重逢時，推算當時的年紀應該是一百或一一〇歲左右，據說非但看不出老貌，甚至有一副匪夷所思的容貌。

以下是他的談話……

「我的師父富爾卡內利，因鍊金術的效果，外觀完全地變了模樣。不僅返老回春、重現活力而已，還兼備女性般細緻的肌膚與柔嫩。

他看起來似乎兩性俱有，時而看似男性，時而看似女性。對於眼前這番景象覺得太不可思議，於是走進他的身邊仔細一瞧，他的模樣如假包換是個女性。」

坎塞利特和師父富爾卡內利在西班牙重逢時，稱其師父的年齡應在一百歲以上，但在法國，富爾卡內利之名早從十六世紀左右已廣爲人知，若遵從此說法，則是年齡不詳的人物。他的確是鍊金術的巨匠，充滿著謎團的人。

同一個人物可看成男性，也可看成女性……，這眞是不可思議。事實上，多年從事仙道的我，也有類似的經驗。而且並非看見他人有此番模樣，而是筆者自身被撞見了。接著提供這個經驗做爲參考。

那是在日本四國的山中進行仙道的集訓時。一個叫平井的青年前來告訴我，有一次他到我家，碰見一件奇妙的現象。他是鑽研仙道與秘教的人，具備進行體外脫離而讓附近的人看見其形態（當然是虛像）的實力。

他事先對我說明：「數年前，到老師的住處拜訪時，以爲是撞見鬼了。」

「因爲雖然我是大白天拜訪，但和您坐在一起，您的外型忽大忽小、忽近忽遠，時而看似少年，時而變成老人，轉瞬間又像是年輕的淑女，總之是千變萬化。我甚至搞不清楚，那一個才是眞正的你。」（參照拙著《仙道奇蹟的超幻像》）

「忽而變成老人、瞬間又變成年輕的淑女……」這個部分奇妙地與坎塞利特所說的，忽男忽女的部分吻合。事實上，把這個部分與師匠富爾卡內利自身的著作比對……。

「建議健康而活潑的老人，與年輕貌美的少女結合。當然，鍊金術的結婚，

↑ 謎樣人物的鍊金術師富爾卡內利的弟子之一，尤金•坎塞利特。

← 一邊是少女的臉孔、另一邊是老人的臉孔之奇妙模樣。這足以象徵鍊金術師。

↓ 法國的提勒•努瓦成。傳聞富爾卡內利在此利用鍊金術，將鉛變成金。

是創造金屬的嬰兒，獲得擁有兩性兼具的形貌。因爲它具有其父硫磺與其母水銀的性質。」

這段文章中，從老人與年輕少女的對比，即可明白所謂的男性並非年輕男子。那麼，這就和我個人所經驗的，出現老人模樣的部分是一致的。

爲何老人會成爲男性的代表?也許是和所謂的老賢者的印象重疊的關係。仙人也是一樣通常是以老人的形態出現。而其理由極爲簡單。因爲若是天才則另當別論，但一般的智慧是越老越充實。

相反地，女性則以年輕登場，這並非唯獨年輕女性才深具魅力。而是因女性本身的能力，亦即創造生命的熱能達到最上乘，是年輕的女性。

兩性中最高等級的結合，正是創造神秘生命光（以仙道而言是指不死的生命）的力量。鍊金術及仙道似乎也有此觀念。

當然，這純屬印象而言，並非這種情況的男性非老人不可。從與男性原理、女性原理相提並論的另一個要素——返老回春這一點即可明白，也有不少化身爲年輕男性的例子。坎塞利特所稱，富爾卡內利看似返老回春的敍述，也許說的正是這個例子。

以下順便介紹一位仙人傳中記載的實例。這是取自張果老仙人的故事。

張果老，本名張果，號通玄先生，是唐代一位精通服氣，修煉內丹的道士，中唐以後，逐漸被神化，後來成為民間神話中的八仙之一，被稱為張果老。

張果老進入宮中，玄宗請教了他很多治國、神仙的事，並屢試其仙術，發覺他變幻無窮，受到優厚的禮遇。某天，唐玄宗如此詢問張果老。

「聽聞先生已得道，為何像凡人般，一頭白髮、牙齒也幾乎脫落？」

「這可一針見血啊！事實上是因修行不足，頭髮變白而牙齒脫落成這種景況。唉，羞愧極了。沒辦法，既然老者不去，就用青春喚回吧？」

語未畢，張果老的頭髮及殘缺不全的牙齒瞬間開始剝落且鮮血直流。看此情景大吃一驚的玄宗，立即叫張果老返回寢室稍做休息。不久，數分鐘後，再召張果老時，眼前出現的竟是一頭黑髮的青年，露出光潔白亮的牙齒一笑。一看這模樣，玄宗差點嚇破膽。因為雖然外型完全不同，但這名青年的臉孔卻是張果老本人。

進行鍊金術或房中術，爲何會出現這類奇妙的現象？造成這種現象的力量到底爲何？

老實說，這和第一章所介紹的房中術之謎的「西王母出現」有密切關係，而掌握其眞相和習得最高秘傳技法也是息息相關。那麼，請各位朝最後的高峰再接再勵吧！在下一章，將爲各位詳細解說足稱房中術最奧義的部分。

第五章

陰陽雙修法房中術的最奧義

從虛空出現仙人、仙女傳授仙道是某種真實

我們終於談到足稱房中術根源的男性原理、女性原理的問題。而且這並非單用虛幻的印象，而是傳述某種現實並以實例做說明（參照第三章）。

先下結論。事實上，這正是第一章所說明的「西王母」出現的謎底。以神交法的立場而言，西王母確實會出現在修練仙道（尤其是房中術）者的眼前。卽使在現代呢？答案是肯定的。當然，並非古代的模樣。祂將出現令人無法和西王母的容貌聯想在一起的現代模樣。

總之，本章將根據令人匪夷所思的事實做充分的說明。

西王母在目前的大陸、台灣，已奉若神明。但是，從其出現的本來目的而言，可說是仙道的傳授者。換言之，是爲了傳授仙道秘法而以仙女或女仙的容貌出現。

如果仔細一看，其一切行動，和後代出現的仙道傳授者呂洞賓神似。

事實上，此二人似乎各有職務的分擔。那是什麼？

在此懇求各位諒解的是，爲了解開西王母之謎，先從我們較容易理解的呂洞賓（出現）敍述。

從前述各種金丹派的仙道開山祖傳承故事即可明白，呂洞賓在一千年的漫長歲月間，出現於各地，而以各種人物傳授仙道（主要是房中派）。

譬如，在代表淸淨派（單修派）的北派（全真教）開山祖王重陽之前是北宋時代，靑城派開山祖劉海蟾也在同一時期，而東派開山祖陸潛虛是明朝時代，西派開山祖李涵虛則在淸朝時代……，以數百年的時空出現而傳授仙道。根據傳聞，據說近世在目前的台灣出現，留下一文錢後離去。

像呂洞賓之類的仙人爲數不少，其中尤以呂洞賓的師匠鍾離權（前漢時代人）、宋朝張三豐（太極拳之祖）尤其聞名。

告訴現代人這些故事，多數人認爲純屬虛構，或認定此是現今流行的超自然現象之一。因爲對他們而言這樣較容易明白。

但是，我個人卻認爲這樣的思考模式過於短路。其實兩者皆非，旣非完全的物理現象，也無法斷定是虛構。這裡所敍述的是某種（這正是重點）如假包換的事實。

而解開這個秘密的關鍵，隱藏在東派開山祖陸潛虛（陸西星）及西派開山祖李涵虛（一八〇六～一八五六年）的傳記（並非傳承）中。

他們的傳記中，有以下的記載……。

「嘉靖二十六年丁未（一五四七年），於北海草堂會呂祖，獲授訣。」（陸潛虛著《方壺外史》）

「二十四歲時、初會呂祖。其後，於峨嵋山禪院會呂祖、豐祖（張三豐）二人，獲授訣。」（《李涵虛真人小傳》）

「於禪院遇呂祖、豐祖。師（李涵虛）初名元植、字平泉。呂祖令其改名西月、字涵虛……」

前者爲陸潛虛的自傳，後者是李涵虛弟子所記載的傳記。既然是自傳、傳記，則非臆測或謠傳了。

那麼，這是否是肉身的呂洞賓據實呈現？這一點倒難以採信。因爲呂洞賓是

呂洞賓是橫跨一千年的時空四處出現，以特定人物傳授仙道奧義的著名仙人。傳聞曾在台灣出現並留下一文錢。

唐代人，和陸、李的時代相隔八百～九百年之遙。

既是如此，是否用仙道的不老不死之軀出現？這倒不無可能。但是，我倒覺得有另一個可能。因爲陸自傳的註解中有「因示夢」的字句。

既然是因示夢，大概是呂洞賓出現在他的夢中，傳授其秘訣或奧義。

千萬不要鄙視這個夢，它並非各位所做的一般夢。因爲他是在夢中獲傳仙道的奧義。普通人根本不可能遇見如此神奇的事。因爲若有這種情況，就不必效法仙道等師匠學習了。

由此可見，這應該當做是眞正有志於仙道者，才能看見的奇妙類型的夢。

李涵虛也有示夢的可能性，但傳記中並無夢的記述。不過，給人暗示的是「於禪院……」這一段字句，若非在此地打瞌睡，則是靜坐冥想吧。因爲不可能在吃飯之際會見呂洞賓或張三豐（以劉海蟾的故事而言，倒非絕不可能）。

我個人認爲，若非夢則冥想的可能性極大。因爲仙人出現的舞台設定已齊全。

接下來是我個人的解釋。不過，不是單純的解釋，而是根據體驗的解釋。希望各位以這樣的觀念來閱讀。

根據我的仙道修行體驗，當身體處於某個狀態時，很容易碰到異於平常、極爲實際但非現實的狀態。

以我個人而言，這個狀態多半是在夢境將醒未醒之間、睡醒之前的睡眠狀態。有時也發生在夢境中。但是，整個感覺極具眞實性，是在將醒之前。這時會碰到非常奇妙的事。

譬如，以下的情況。

某天早晨，在被窩裡昏昏沉沉地醒來。我一張開眼環視四周，所見竟是陌生的房間。其中有三名女子，口中唸唸有詞。當然，我並不認得這些女性。

當我心想：「我怎麼在這裡？」時，其中的一名女子伸手搭在我的雙手上，硬要將我連同棉被拉到隔著門的另一個房間。當時，這名女子的手的感觸、力感等，和現實的狀態一模一樣。

就在此瞬間，左頸忽一彈動，結果如何呢？我已離開三名女子所在的房間，竟然躺在自已房間的被窩裡。我微張開眼環視四周，所看到的景況就是自己房間的模樣。

但是，下一個瞬間，當我朝右邊打一個反轉時，眼前的光景又變成剛才那個陌生的房間。而且那名女子的手的感覺又回復了眞實。

由於景況過於奇妙，我再次朝左邊翻一個身，結果又回到自己房間的被窩，這時終於完全醒來。但那種眞實的感覺給我的震撼極爲強烈，睡醒之後仍然持續了一會兒。

這個例子顯得粗鄙，對讀者深感歉意，但它卻是說明眞實性的最好例子，請各位諒解。以下介紹較高尚的例子。

這種睡醒時的眞實夢感，修練仙道時一再發生，有時甚至搞不清是夢境或現實。

有趣的是，同樣做仙道（其它的冥想也時而有之）的修行，也有人未曾發生這種景況，不過，當冥想的感覺越來越深時，則會出現類似的現象。

譬如，住在山梨一名叫伊藤的女治療師。她說有一天她在冥想中，而我前去拜訪，並一起前往甲府車站前的西武百貨店共餐。更好笑的是，當天我是在東京的池袋西武百貨店和弟子們一起吃飯。確實是相當奇妙的偶然一致。

這件事還有後續，據說她治療院的一名弟子，到她的房間探視，竟然沒有看到她的蹤影。而另一名弟子則只看到腳（？），請參照拙著《仙道術遁甲法》。

有關這一點，當我向自己的弟子們求證時，得到以下有趣的結果。

從求證中我們明白，從事仙道等神秘行而夢境變得眞實者，冥想感覺很容易變成毫無變化的情況（亦即意識變成停止的狀態），而夢境模糊，一直無法變得眞實者（所謂凡人之夢），冥想狀態容易變成奇妙現象。

當然，也有兩者都變得奇妙而眞實的人，這也不在少數。而兩者都無法變成眞實的人？這是一般的凡人，只是仙道的修行不足而已。

以我個人的感覺，我認爲兩者似乎都代表同一個狀態。換言之，夢境將要覺醒之時，和冥想進入深層的境地，都很容易出現某種眞實感。這是根據我的體驗而言。

而陸潛虛或李涵虛等的傳記中，古代仙人現身而傳授秘訣的狀態，我想也許就是這種狀態吧。

那麼，何以在這樣的狀態下，仙人會現身而傳授一般人絕對不可能知道的仙道奧義呢？而且他到底是何等人物。

事實上，有關這個問題，並非仙道家的心理學家榮格，做了相當巧妙的說明。利用他的理論，可以使這個問題迎刃而解。

榮格的奇妙學說……歌德也目睹元型印象造成的超常現象

瑞士心理學家卡爾·榮格（Carl Gustav Jung，一八七五～一九六一年），是心理學界提出所謂無意識理論的精神分析學家佛洛伊德（Sigmund Freud）的弟子。但師生之間對無意識的研究，在手法上卻有極大的不同。

以粗鄙的表現而言，如果佛洛伊德研究的是性心理學，榮格所研究的則是超自然的心理學。

不過，誠如佛洛伊德並非性愛專家，榮格也不是通靈人士。只不過在學問上傾向於這兩方面。我個人覺得，它們毫無疑問的是一種科學，或合理的思想。

總之，榮格的心理學之所以獨特，是因他提出元型這個奇妙的實態。接下來的敍述略爲深奧，但必會讓你覺得有趣，不妨聽我娓娓道來。

據他所言，人的無意識是由兩個不同的範疇構成。

其一是個人的無意識。它幾乎是由COMPLEX構成。這個COMPLEX並不是自卑感而是牢牢地沉積於無意識中，一種複合性的思維（或可稱記錄？）有人翻譯爲「新的複合體」。而一般所謂的自卑感是INSERIORITY COMPLEX請不要混爲一談。

另一是集合的無意識，這就是元型，它是指不根據個人體驗的無意識之記錄。據說主要是起源於，個人所屬的文化傳統、生活習慣、歷史背景等。當然，超越這個範疇，更具人性而不變的層次也屬於元型。

榮格認爲，宗教神話等是集合的無意識寶庫。各式各樣的心靈現象或UFO等超自然現象，都是集合的無意識、元型所造成。

當然，榮格是位精神分析學家，他不僅注意心靈現象或UFO等問題，也非常關注有助於心理學的一切事物。列舉其內容有……。

SELF（自我）

PERSONA（假面）

SHADOW（影像）

GREAT MATHER（大地母神）

TRICK STAR（道化）

童子（源始兒）

ANIMA（女性原理）

ANIMUS（男性原理）

本書並非榮格心理學的解說書，因此不在字面上一一解說。對各個項目有興趣者，請參照榮格的著作。

不過，爲了讓各位瞭解這些意義爲何，就以影像和假面爲例子，做解說。

在德國有一種現象叫複體、分身。有許多學者針對這個現象出書討論，因而有不少人得知其來歷。簡言之，這是遇見和自己一模一樣人物的體驗。

德國詩人海涅（一七九七～一八五六年）的詩中，就有歌詠複體、分身的句

將人類的無意識分為兩個範疇，提出元型概念的榮格。其學說成為解開心理秘密的重大原動力。同時，他對心理現象或UFO等也極感興趣，給後世不少有益的暗示。

子。由於原文冗長，在此僅就要點說明……。

一個月明之夜，看見一名男子站在情人的家門前，仔細一看，那個人竟然是自己。我已經對她死了心，但另一個自己卻不死心，從自己身上分身而出，欲一償宿願……。這是大致的內容。

而德國文豪哥德（一七四九～一八三二年）也有同樣的記述。根據他的著作《義大利紀行》，據說當他騎驢前往義大利的途中，碰見一個騎著驢子從前方迎面而來，模樣和自己完全相同的男人。當他走近一瞧，那個人就是自己。

且說他在一生當中，有好幾次類似的經驗。

在日本有一種稱爲離魂症的疾病，也和這個情況相當。據說這是魂魄離身，四處遊蕩的疾病，有多數人目擊。

總之，根據榮格的說法，這些是元型中，影（Shadow）作用所造成的現象。而影子的假面過於強烈時，因其反動而愈容易出現。

不過，如果不懂何謂假面，則無法理解其中的意思，在此稍做詳細說明。

每個人都有刻意製造的部分，這就稱爲假面。是所謂的體面、虛構的自己。

這個自己表現過於強烈時，其他部分因無法消受，隨卽又製造另一個自己，這就是影。

一般這兩者彷彿雙重人格（成為內在的世界），彼此想辦法協調，但榮格主張，當內在的壓抑過強時，反而會形成一種物理現象出現在這個世界。

閱讀榮格的「自傳」，發現其中以深具魅力的筆觸，描寫與這類元型之間的奇妙邂逅。其中的高潮，就是接著爲各位介紹的女性原理與男性原理。

但在此之前，先爲所謂的元型，做定義。否則，恐怕遭來意外的誤解。

一般對榮格心理學外行的人，口中所講的元型，其實並非元型，而是用意識（表層意識）的部分所掌握的印象之象。這就是所謂的元型印象（並非元型）。眞正的元型是無意識世界的一切，似乎是我們無法想像的。這也是理所當然吧，因爲如果無意識可以理出頭緒或構成印象，就不能說是「無、意識」了……。

總之，據說它們之間的關係如下。

元型的印象　有如前述的影像、女性原理、男性原理等。這是用表層意識的某種印象所掌握的無意識訊息。換言之，可當做是表層意識的產物。

元型 潛藏於無意識中，造成元型印象出現的根源之某物。既無法看見也不能想像。

這二者常被混為一同，請特別注意。明白它們的差異點之後，接著進入榮格所體驗「男性原理（元型的印象）」的故事。為何採用此例，因為它是解開呂洞賓現身之謎的關鍵。

從心靈世界躍入塵俗，開導眾人的阿尼姆斯（男性原理）

一九一三年左右，榮格著手研究無意識的問題。那個時期，榮格常做夢。某天，在這類夢中出現一名老人帶著兩名少女，少女們對榮格自稱是艾麗亞與莎羅玫……。

讀者們對此二人也許不太熟悉，其實艾麗亞是聖經上出現的預言者，而莎羅玫則是猶太公主，想要預言者尤哈尼頭顱的惡女。

這二名女子出現後，變成以下的景況。

「這個幻想的隨後，其他的影像從無意識陸續而生。有一名男子從艾麗亞的影像分身而出，我稱他爲費雷蒙。費雷蒙是個異教徒，他帶有散發神秘性色彩的埃及、希臘文化的氣息。他的影像在下一個夢中才出現我的眼前。

蔚藍的天空，像是在海上，但並沒有雲朵的覆蓋，倒是蓋著一層平坦、茶色的土塊。它彷彿是土塊龜裂，蔚藍的海水從縫隙漸漸漏出的模樣。但是，那個水是藍色的天空。突然，一個有著翅膀的生物從右側邊橫飛而過。我看到的是，一個頭上長著母牛角的老人。他拿著四支成串的鑰匙。而他拿其中一支的模樣，彷彿就要打開的樣子。他身上的翅膀，擁有川蟬一般特殊的顏色……。

費雷蒙雖是單腳跛子，卻是有翅膀的精靈……」（取自《榮格自傳》）

光看這篇文章，費雷蒙是個相當奇怪的存在，但如果把他想成是夢裡出現的影像，倒不足爲奇。

但是，榮格與費雷蒙之間的關係，並非就此結束。因爲費雷蒙並非榮格幻想中所製造出來的影像產物，他還說：「他本身是個獨立的存在。」這個部分的描

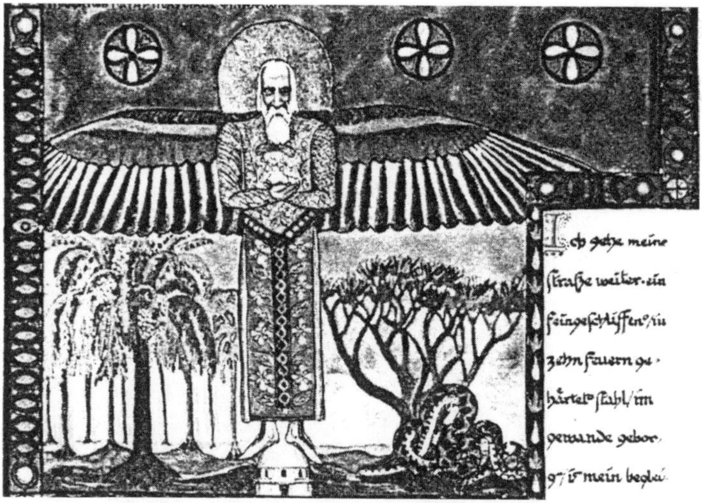

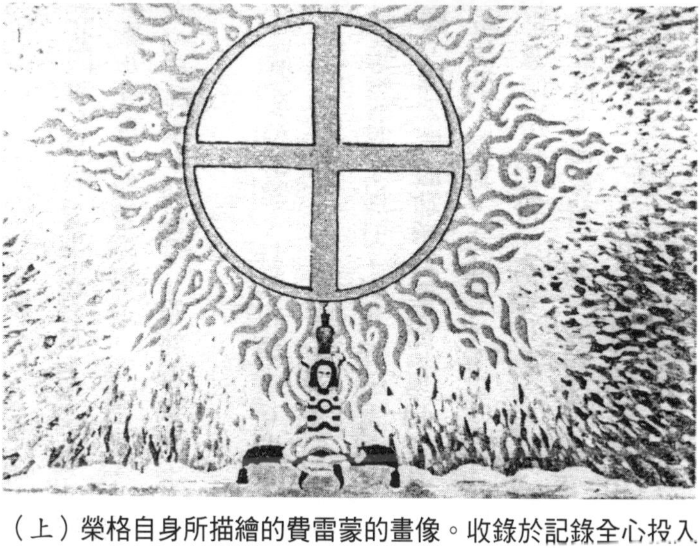

（上）榮格自身所描繪的費雷蒙的畫像。收錄於記錄全心投入冥想的修行時代的《赤書》。

（下）同樣刊載於《赤書》的榮格的繪畫。這是描繪冥想中湧現的影像，並被稱為是秘教曼陀羅世界觀的表現。

述如下所示。

「出現在我幻想中的費雷蒙或其他影像，並非我在心中所創造，我深切地體認到一個決定性的洞察，那就是他們是自己創造出自己，並擁有自己的生命。費雷蒙所表示的是，他並不屬於我而是一種力量。在我的空想中，我和他進行會話。而且他還說了我未曾意識到的事情。因爲我清楚地觀察到，說話者並非我，而是費雷蒙自己。」（《榮格自傳》）

榮格竟然說，他和費雷蒙彷彿和眞實的人一樣地交談。而更令人驚訝的是，他們所交談的內容，並非榮格自身所想，而是費雷蒙獨自的意見。

最精彩的是，榮格還說，這個奇妙的存在是他的導師。

「費雷蒙在心理方面，表現極高深的洞察力，他對我而言是神秘的影像。我和他一起在庭院中來回步行。他對我而言，簡直就是印度人所稱的古魯（導師）。」（《榮格自傳》）

對榮格而言，這位奇妙的導師費雷蒙倒底是何許人物？有關這一點，以下的敍述做了明確的說明。

「經過十五年以上之後，甘地的朋友，一位極爲有教養的印度長老前來拜訪我。我們針對印度的教育——尤其是古魯和查拉（似乎是導師）之間的關係——做了一番交談。我躊躇地詢問他，可否談談他自身的導師的性格等。結果，他一副理所當然的口吻回答說：『我的導師是聖卡拉。』

我又問：『那不是好幾世紀以前去世的，印度最古的宗教文學吠陀的注釋者嗎？』結果，令人驚訝的是，他回答說：

『不，是指他的人。』

『您說的是靈囉？』

『當然，當然是他的靈。』他表示贊同。這時我想到了費雷蒙。

『也有靈的導師。多數人都有據實存在的導師，但一定也有一些人，是以某些人的靈爲自己的導師。』他又附帶說明。

這段話對我而言是極大的啟發，並讓我感到安心。若是如此，很明顯我並非飛到人間世界之外，只是陸續經驗到做同樣努力的其他人也必會發生的事情罷了。」（《榮格自傳》）

閱文至此，我想各位已能清楚明白。是的，這段話和中國仙道的開山祖們（東派的陸潛虛等）所提及，呂洞賓等古代神仙們的故事是一模一樣的。我個人覺得，也許陸潛虛或李涵虛在傳記上所記載的，和呂師、豐師之間的接觸，就是類似這樣的事實。

而榮格的印度朋友，斷然將這樣的存在稱爲「靈」，但榮格本身並不做此主張。有關這個問題，在另一個元型印象、女性原理阿尼瑪的部分闡明。

自己內在的女性原理阿尼瑪創造了魔術及深奧的智慧

榮格與老賢者阿尼姆斯的奇妙邂逅之後，接著遇到一個奇妙的女性印象（女性原理？）。由於是榮格本身的體驗，引用他的自傳較容易明白。

有一天，榮格正在思索老賢者的印象與鍊金術的寓意時，經歷了以下奇妙的體驗。

「當我把曾經有過的這類空想用筆記述下來時，我試著詢問自己。

『我到底在幹什麼？這些的確與科學毫無關係。那麼，到底是什麼？』結果，我的內在有一個聲音說：『那是藝術。』我嚇了一跳。因爲我未曾想過，我所記載的事情和藝術有任何的關連。因此，我隨卽又想：『也許自己的無意識已漸漸形成一個人格，它和我不同，但卻有所主張而極力表現。』

我確實明白，那個聲音是發自一名女性。而且我發現那個聲音是來自一位擁有才華的精神病質者，那是強烈感應我的移轉現象的患者的聲音。她已經在我的心中，變成一個活生生的影像。」（《榮格自傳》）

從榮格的這段文章，我們明白對他說話的是一個沒有形體的女性原理，不過，最重要的一點是，榮格指出這並非單純的幻聽或空想的產物，而是曾經輸入在自己心中的女性印象，從而產生的某種東西。

至於阿尼瑪究竟爲何？榮格接著做了詳細的說明。這個說明和房中術所謂的女性原理的問題有密切關係，雖有繁複之感也請耐著性子閱讀。

首先，據榮格所言，阿尼瑪並非基督教等宗教所言的靈魂（傳統上稱為精靈）。當然，也非超自然現象。那麼，究竟爲何？

對於這一點，榮格主張他是未開化人所稱的生氣，接近於人類學家所稱的瑪那（MANNA）。所謂瑪那，是美拉尼西亞或波里尼西亞的原住民所稱，積蓄在萬物內的生命熱能。和中國氣的概念非常接近。

有關這一點，他又做了以下的分類。

精靈　哲學涵義的魂、理性涵義的魂「理性魂」。

阿尼瑪　自然的元型、無意識。接近於未開化人所稱的靈魂（使人類活存的精氣）。

榮格主張，阿尼瑪只不過是元型的一部分，但卻代表女性原理。

「阿尼瑪只是衆多不同元型之一。因此，並不能成爲無意識的特徵。它只不過是無意識的一個相。這一點從阿尼瑪具有女性性質之事實卽可明白。」（榮格、林道義《元型論》）

同時，榮格還指稱，阿尼瑪雖是自身的一部分，卻看似位於身體之外。

「不是我的東西，換言之，不屬於男性的東西，一定屬於女性。而不是我的東西就不是我的，因此，我感覺她是我的體外。阿尼瑪的影像通常投影在女性

身上。」（《元型論》）

榮格說，男性之所以喜歡女性，事實上是他心中自己的阿尼瑪投影在所愛的女性身上。

簡單地說，自己在無意識中所孕育的（自己的）女性的部分（女性原理），勉強和現實某特定女性重疊在一起。男人口中常說的「我所喜歡的女性」或「和我的印象吻合的人」。這類表現十足暗示了榮格的主張。

但是，追根究柢這只不過是自己單方印象的投影罷了。成爲對象的活生生的女性，和影像的投影完全不同，因此，這個印象投影的焦距無法對準，變成「不可能是這樣！」的事態。

當然，這個情況並不只發生在男性身上，也同樣出現於女性→男性的場合。但是，榮格說，一般人很難理解其眞相。

同時，他還舉了一個明顯出現這個現象的例子。

「不論是影像或阿尼瑪的情況，針對這些概念，光憑瞭解或仔細思考是不夠的。即使藉由感情移入或共鳴，也無法體驗這個內容。甚至默記各種元型的細目，也毫無助益。所謂元型是命運性地出現的一連串體驗，而且它的作用是從我們最具個體性的生活中開始。

今天的阿尼瑪不再以女神的面貌出現，有時會造成最個體性的誤解，或以最惡劣的唐突出現。譬如，一般人看見一名功成名就但已屆九十高齡的學者，竟然捨棄家庭與年輕美貌、初出茅蘆的女明星結婚的消息時，往往認爲天上的神又在虜獲人間的犧牲品了。惡魔般令人恐懼的力量就以這個方式出現於現代。若在稍早的時代，把這種年輕女子當做魔女，施予極刑仍是輕而易舉的事吧。」（《元型論》）

有趣的是，據說阿尼瑪的投影並不一定針對女性，有些人會投影在自己獨自的興趣上。

學問或嗜好，榮格指稱全心投入自己喜愛的研究或製作模型、收集物品、釣魚等，而對女性毫無興趣的人，就屬於這個類型。而這些人所沉迷的就是女性原理（阿尼瑪本身）。

果然寓意深奧，但若是這個程度，雖稱得上是深層心理學，但似乎與神秘行

毫無關係。不錯，所言不差。

但是，榮格接著又說：

「我們是因爲與阿尼瑪元型的關連，而能進入衆神的國度。這是形而上學所主張的屬於自己範疇的領域。阿尼瑪所相關的是，全具有聖潔但令人畏懼的性質。換言之，祂是絕對性、危險性、禁忌性而具魔術性的。」（《元型論》）

榮格如此澄淸，阿尼瑪並不只關乎凡人情愛的廉價存在。祂彷彿深具魔力而危險的東西。

但是，他還指稱，阿尼瑪雖具魔術性而危險，卻也帶來深奧的智慧。

「阿尼瑪誠然是渾然天成的衝動，但同時祂還帶來貴重的涵義。那是秘密的知識、深奧的智慧。這和祂所具有的非理性的妖精性質正好相反。

……懷達•哈賈特將『祂』稱爲『智慧之女』。法國小說家布諾亞的《大陸的女王》中，至少還有氣派堂皇的圖書館，其中收藏著行蹤不明的布拉圖的著作。」（《元型論》）

最後的部分所提的，擁有收藏布拉圖著作的氣派圖書館的陳述最是驚人。這句話彷彿一口咬定，阿尼瑪所具有的不可思議性。

閱文至此，已經解開「西王母」出現之謎。是的，古代中國人所說的「西王母」，正是這裡的阿尼瑪。有關這一點，榮格給了我們明快的答案。

「阿尼瑪在古代人面前，是以女神或魔女的模樣出現。相對地，到了中世紀，則以聖母瑪麗亞取代女神或擁有母儀天下教會。」（《元型論》）

西王母之謎已經解開了。但是，尙未解開另外一個謎。那就是爲何在中國，已有西王母爲傳仙道而出現，卻從某個時代開始，出現呂洞賓之類的男仙人而改變了職務呢？也許這和仙道的變遷不無關係。

古代人似乎有所謂的生殖信仰，具有創造生命能力的女性尤受尊崇。而且，女性比男性更具有超自然的能力。在古代，女性以巫女、通靈者（Shaman）大肆活躍於舞台。

以古代的中國而言，從執政者的姓氏即可明白，姬（黃帝）、姚（帝舜）、姒（夏禹王）、姜（神農與周王朝）等，都是以女爲偏旁。根據學者們的研究，這些都是以女性爲主系的遺跡。何以是以女系爲主，也許是當時的女性擁有足以獨當一面的能力。當然，這是指身爲巫的能力。

房中術誕生的背景，就有這個主因。他們認爲，如果不假藉具有創造神秘能力的女性力量，房中術是無法成功。這正是西王母、仙女出現的緣由。

一般的庶民向普通的仙女或女仙，爲政者則向西王母等尊貴的仙女（被稱為女神）求取這個能力。

但是，隨著儒教的擴大漸漸成爲父系社會，女仙所具有的職務漸漸被男性剝奪。房中術也變成男性本位，只從女性身上採氣而已。而造成決定性轉變的是，不要房中術的單修派或所謂清淨派仙道的問世，一般人再也不寄望女性所擁有的神秘性。呂洞賓等男仙人的出現。可說是這種時代下的產物。

不過，這些完全是主流上的傾向，到了後代，在不同的例子上各有男、女仙的出現。但是，在這樣的情況下已無西王母的蹤影，而以一般的仙女露臉。換言之，位階降了一格。

但是，您不覺得這已相當了不起了嗎？因爲這可是直接向仙女學習房中術。

以上總總都因爲女性原理並不只是概念，而是一種現象而有可能達成。在理解上也許頗費工夫，但接著將進入技法的探討，請拭目以待。

女性原理與男性原理不為人知的作用

根據榮格的分析，人在集體無意識的時候，發現無論男女，潛意識裡都有一個異性形象的存在，男性心中的女性形象爲阿尼瑪（Anima），女性心中的男性形象爲阿尼姆斯（Animus）。

阿尼姆斯是女人心中無意識的男人性格與形象的一面，可以讓女人盲目迷戀男人。阿尼瑪是男人心中完美女人形象，是男人心靈當中的女性成分。

那麼，以下基於實用技法的觀點，針對仙道所稱的仙人、仙女，亦即鍊金術或煉丹術的房中術所謂的男性原理、女性原理的使用法，做一些考量。

在此之前，首先對於男性原理或女性原理的出現，到底是何種狀況的現實，做爲敍述。這個狀態很難向一般人說明，但若沒有某種程度的掌握，實在無法善盡其用。

男性原理、女性原理出現的實態

①即使出現也無法自覺

當事者只是覺得平日修行加深，極其普遍的事實而已。

②變男、變女，只有他人看得見

前述的富爾卡內利也是一樣，刻意向他人表現變男、變女的模樣並無任何益處。會出現這樣的情況，可以認定是和當事者的意識毫無關係下所發生。

針對這個現象的說明非常困難，也許是徹底修行的緣故，從身體所發生的熱能過強，扭曲了該人周遭的空間所造成。

以我的例子而言，從前遇見有這方面才能的人時，他告訴我說，我的臉像是海市蜃樓般的現象，整個扭曲變形。

我認爲，忽而變男、變女的現象，也許是潛在意識所出現的阿尼姆斯、阿尼瑪利用這個能力而顯在化。

當然，這是否是決定性的回答，連我也不敢確定。

③與男性原理、女性原理接觸，只限於特殊的意識狀態下

如前所述，這很容易在接近睡醒時的夢或深度的冥想狀態出現。從榮格的情況來看，做夢時或全心投入於某件事物時，阿尼姆斯、阿尼瑪（從事仙道者當然是指仙男、仙女）則會出現。

當然，這也並不表示絕對不可能在日常生活中出現。不過，那樣的情況下，我覺得似乎必須處於特殊的意識狀態，如陷入恐慌或情緒異常高亢，必須有異於往常的條件。

④習慣後可用意識控制這個狀態

這是我個人的經驗。當清楚地產生自覺後，即可給予控制。到了這樣的境地，有可能與仙人、仙女往來，央求他們傳授某些奧義。而進入這個狀況的要領是，清楚地掌握那一種狀態下他們最容易出現，並刻意進入這個狀態。

以上籠籠統統地解說了男性原理、女性原理出現的來龍去脈，接著將爲各位陳述，他們的出現有何益處。我想從以前的說明，各位已大致能掌握，在此做成綜合整理，請各位瀏覽一下。

發現男女原理的正面意義

①完成神秘行的證明

簡言之，這是仙道或房中術已然完成的證明。

②可以和他們交流

不僅是榮格的例子，陷入這種狀態者，不論當事者是否察覺，和他們已能擁有奇妙的關係。

不過，一般而言，即使出現，當事者多半沒有自覺。通常是被他人指點才發覺。處於特殊狀態（既非做夢也非冥想的狀態）時，突然有仙人或仙女造訪，獲得秘傳，這通常是修行到相當階段之後才有之。

③漸受女性（男性）歡迎

這主要是女性原理阿尼瑪帶來的作用，以神秘行而言，程度並不太高，但卻有附屬性的效果出現。造成這個現象的理由有二。

其一是，到達這種程度的修行時，陽氣的力量非常強烈，承納這股氣（吸取較恰當？）女性會覺得非常愉快。換言之，在對方的眼中，你是充滿著開朗、活潑而具男性魅力的人。如果妳是女性，則是人人眼中具有女人味而魅力十足的人。這就是房中術的效果。

其二是，和阿尼瑪接觸的緣故，對女性的心理瞭若指掌。你能對女性的心理如探囊取物般分析並採取行動，一般的舉止行動自然能令對方產生好感。

另外，針對女性有一句話奉勸在先。那就是卽使妳是女性，爲了這個用途仍然應使用阿尼瑪。因爲如果使用阿尼姆斯，雖然賦有理性卻給人冷淡的感覺，使男人敬而遠之。

④魔術或超能力等作為已是雕蟲小技

這也是女性原理、阿尼瑪的作用。因爲這些能力和心中的女性領域有密切的關係。正確地說，是感情、情緒的部分。這個部分是造成這種能力的根源。

相反地，以阿尼姆斯所代表的男性領域，是以理性、道理、理解爲先驅，因而不擅長這些作爲。

接著又是我個人的體驗，這一點從觀察自己卽可明白。一旦有使人發現超能力現象的念頭，若不站在阿尼瑪的領域（投其所好）則辦不到。一副自我爲尊的模樣頤指氣使的話，對方可不爲所動。

我們以用超能力移動念動器具爲例說明。做這項超能力時，指間會發射出氣，但光做這個動作是無法移動器具。

那麼，該怎麼辦？必須讓自己的心中產生愉快的感覺。再把它架在氣感上輸出時，何其神妙地，僅只是物質的器具竟然動起來。若想讓它激烈地晃動，必須加強那股愉快的感覺。彷彿讓年輕女性動了情的感覺。這也許是阿尼瑪需要這樣的氣氛。雖然是自己的無意識，卻像是陌生人。

附帶一提的是，念動以外的超能力或金錢，都能用這個技法達成。

⑤突然開竅——瞭解神秘行的秘密

其中，一般所謂的突然開竅，主要是來自男性原理的作用。因爲男性原理、阿尼姆斯是主掌由理智、理論、道理等各種理所表現的一切。如夢中獲得特異人士教授課業等，全是阿尼姆斯的作用所致。

但實際上並無此必要。只要阿尼姆斯的原理產生作用，在自己毫無所覺之

下，腦筋已變得靈敏、聰慧。

而「瞭解神秘行的秘密」則有男性原理、女性原理兩種情況，以仙道的立場而言，單修派的修行是男性原理＝仙人；房中術的修行則是女性原理＝仙女所掌控。

但是，這一點似乎沒有太明確的區別。因爲誠如榮格所主張，最高的女性原理兼具男性所具有的理智的一面。最後還是憑個人的嗜好。

另外，這類阿尼瑪、阿尼姆斯的神秘行傳授，並不一定根據具體的言詞或光景。而通常沒有這類情況居多。

舉我個人的例子說明……。

我曾經旅行前往印度的西藏寺廟，尋找仙道的導師。當時每天晚上都看到腳邊有一個人身大、奇妙的深藍光影。雖然只有這個情景，但回到日本之後，竟然習得西藏秘教的做夢技法。當然，無師自通。做夢的技法內容，爾後在《米勒雷伯傳》或《那羅巴六法》已做過確認，正確無誤。

同時，前往南印度的拉瑪那·馬哈力希的亞修拉姆時，也發生類似的情況。

我只是盤腿靜坐，竟然剎那間領悟何謂深層冥想的境地（無的境地）。這也在事後從書中得證實一點也不差。因這些經驗，個人對仙道意識的修行，往令人難以置信的深奧部分大邁一步。

其實根本不必提這些例子做爲佐證。大概是我專精於仙道之後能融會貫通。不談簡單的部分，即使深奧的部分在今日的大陸、台灣也未曾受教於任何人。我不是老王賣瓜、自吹自擂，事實上是無師自通的。

當然，這樣的說詞也許不太正確，嚴格地說，是自己內在的無意識領域指點了我。在我的修行碰到障礙而逕自苦惱時，經常在眼前適時地出現必要的書或人。不論是小周天或大周天，甚至出神、房中術，都是以這個手法習得。正如榮格所謂的共時性，在每個必要的關頭出現。而當時所活躍的正是男性原理與女性原理。

⑥男性原理和女性原理的合一，可當做自己的肉體經驗去理解

也許這是最重要的一點。不論是鍊金術或房中術，其完成狀態只能用丹或賢者之石等礦物性的印象來掌握。但是，當男性原理、女性原理以人的印象出現

時，就能成爲活生生的人體驗去理解。

以我個人爲例，情況如以下所述。

正當祂（女性原理）出現之時，我的現實生活，是每天獨自鑽研修行。不僅生活中全無女人的氣息，甚至沒有人前來造訪。

但是，在夢中卻經常有女性前來。不是一般的女性，而是美麗、健康且充滿著氣力的女性。這樣的女性在現實生活中未曾看見。而且用手碰觸時，和現實的女性一般有清楚的觸感。令人難以想像這是夢。

我開始發覺她就是仙女（當然是我的阿尼瑪）是和她手牽著手開始做仙道獨特的訓練，氣的循環時候。做此技法後，身體感到無以言喻的充實。不只是在夢中，翌日起床後，實際的肉體也處於最佳狀態。這個感覺只讓人覺得是和一位眞正的女性做過氣的循環。

當關係更爲親密之後，也曾有過性交。當時是進行體交法的房中術。到達前所未有的高潮，但時間卻永遠般地持續，而精卻不漏。翌日所體驗的充實感，比氣的循環猶有過之，確實令人不可思議。

相較之下，與現實的女性做氣的循環，實在乏善可陳。因爲世間根本找不到擁有如此充實又絕妙氣能的女性。這一點從以下的事實卽可明白。

首先，世間的女性因生活的負擔而疲憊不堪。男性也是一樣，被生活追逐的經常處於氣不夠充足的狀態。原因可能是遊樂、工作或通勤。總之，氣一直處於漏失而被擱置的狀態。

在此狀態下，想保持光澤的肌膚、散發美麗，根本是難上加難。若要像認眞學習仙道者一樣，全身充滿著氣的狀態，更是困難。

相對地，女性原理，尤其是我的她（？）因爲我熱衷於仙道，也勤奮研修仙道而不落人後。不，應該說平常只做仙道不顧其他。而且她並非人而是無意識（沒有外型），自然無需工作也不必爲了調節情緒在夜深人靜後四處閒逛。換言之，一點也沒有生活追逐的負擔。

她必須做的是，保持身爲女性的最佳狀態。換言之，只要處於美麗、健康又充滿著魅力的狀態。這和世間的女性做比較，簡直是無法比擬，可謂天壤之別。

以女性的角度來看，世間的男性也是一樣。他們都因過於疲憊而缺乏魅力。

總之，有如眞實存在一般，可以和如此魅力十足的女性（若是女性則是男性）的印象一體化。這正是鍊金術或房中術所稱，男性原理和女性原理的合一。

執迷於程度低的阿尼瑪或假的女性原理時，必招來致命的危險

各位已經瞭解西洋鍊金術或中國房中術所出現的奇妙存在，男性原理與女性原理，最後提出其中的注意點，做爲本書的結尾。

首先，最應注意的是贋品的出現。如果不專精於修行卻一味追求阿尼瑪，有時會突然出現。雖然外型大致類似，卻是假的，因而對神秘行的進步毫無助益。

首先來談何者爲贋品。繁複的說明反而造成混亂，在此僅就要點分項說明。若有符合的地方，務必做一番檢討。

假的男性原理、女性原理

①每日，不專精於修行也會出現。

②即使修行的階段非常低也會出現。譬如，以仙道的階段而言，約是小周天。

③極普通的狀態，如出現在日常生活的情況。

④爲了滿足自己眼前的慾望而頻繁出現。

⑤說出明確的話語。聽起來像似一般人說話的聲音。

⑥實行其傳授的技法，也看不出修行上的進步。

⑦出現阿尼瑪時，與其性交會漏精。

這稱爲鬼交，所謂夢精。若是眞正的仙女，絕無這種情況。應該認定是被程度較低的假的阿尼瑪附著了。

⑧進行交流也毫無氣力的掙扎。沒有欣喜的感覺。別人不會聚集前來。

以上的檢查非常嚴格，只要有一項吻合，必認定是假的阿尼瑪、阿尼姆斯附著在身。當然，這些也非全然都是贗品，只是以正品看來，程度太低了。

避免贗品的方法有二。

其一是，認眞地學習本書所記載的技法。同時遵守各個部分所寫的注意點。

其二是，瞭解自己的潛在意識處於何種狀態。有關這一點，榮格有詳細的分類，可做爲參考。

他也許是爲了精神分析而做分類，事實上對我們修練神秘行者而言，也可以當做改變意識的一種技法來使用。

阿尼瑪的分類和你的意識成熟度

阿尼瑪從其出現的方式，可分爲幾個階段。這和個人的心靈完成度（成熟度）有關。

阿尼瑪以前

程度最低的，應稱爲阿尼瑪以前，會以母性的印象出現。它具有溫柔、驕寵、包容等母親對兒女所表現的性質。

一般人通常停止於這個階段，即使有相當人生經驗者，也會把這個印象投影在現實的女性身上。這正是世俗所謂的戀母情結。

如果你對女性只期待煮飯、洗衣、育兒等家事方面的能力，你的修行可能僅止於這個階段。如果你認爲並無不當，仙道或鍊金術對你是毫無益處，儘早放棄修行爲妙。

阿尼瑪未成熟狀態

這是比阿尼瑪以前的程度稍高的移行階段。它是周遭女性的印象。譬如，鄰居中顯得特別溫柔的太太或親戚、朋友那個性溫柔的姊姊。這是從母親，亦即「家」「內」等範疇稍微偏離的階段，從這裡開始把女性看成是一個獨立對等的人。不過，這個程度還無法和正式的阿尼瑪邂逅。可說是代理母親的阿尼瑪相的階段。

正統阿尼瑪的四階段

①第一階段（娼婦的阿尼瑪）

這個階段唯獨強調只要是一名女人、只要能生孩子的特質。換言之，雖然總算脫離母親形象的束縛，但只把女性當做性對象的階段。

由於眼中的女性只是性伴侶，因而榮格稱其爲投影在娼婦阿尼瑪的階段。這個階段者似乎頗受女性歡迎，但極有可能沉溺於性愛而迷失神秘行，必須特別注意。

②第二階段（浪漫的阿尼瑪）

從把女性當作生殖對象的第一階段往前更進一步，對特定的女性及其人格表示關愛的階段。

這個階段必須有極大的決心及對異性無怨無悔的體貼，因此，男性頗感疲憊。但若覺得疲憊，也許還稱不上已達到這個階段。

在歐洲的文學上，常有這類中心思想，總之，必須有歐洲人的殷勤。根據榮格心理學研究者河合隼雄先生所言，以日本爲例，鮮少有人內在的阿尼瑪相到達這個階段，即使傲稱擁有浪漫阿尼瑪的人，通常是和隔壁的太太、認識的姊姊所代表的阿尼瑪未成熟階段混爲一談。日本人甚至還有避免與第一階段的娼婦阿尼瑪對決的傾向。

總之，到達這個階段的人，似乎可以遇到相當純正的阿尼瑪，雙方可能有美好的溝通。

③第三階段（靈的阿尼瑪）

這是在西洋以聖母瑪麗亞所代表的女性印象，既是母親又是處女，具有宗教性質的阿尼瑪。兼具包容一切的溫柔及處女的清純，又有宗教的神聖，是一般人較難以掌握的阿尼瑪相。

觀音菩薩和祂略微接近，但似乎有母性層面過於突出，欠缺另一個重要的層面、處女性或羞澀性之感。

根據榮格所言，這個阿尼瑪相是阿尼瑪的性的一面被昇華，到達神聖之愛的程度。這個階段者，毫無疑問可和程度高的阿尼瑪在夢中（或深度的冥想狀態）進行交流，並可詢問神秘行的秘訣。

④第四階段（叡智的阿尼瑪）

這是東、西洋人都不太瞭解的阿尼瑪相，和筆者在本書想要陳述者最爲接近。那是什麼樣的阿尼瑪相？祂具有深奧莫測的智慧，同時又兼具柔弱少女的羞澀，且散發著與這些形象完全相反的娼婦魅力。換言之，全身擁有天上乃至人間的一切經營，全人格的阿尼瑪。

↑描繪在著名的根特祭壇畫上的聖母瑪麗亞像。西洋的阿尼瑪，似乎通常以這類印象的女性來表現。

←觀音菩薩也可當作是一種阿尼瑪印象，但祂的母性層面過強。

乍看下顯得矛盾，事實上人的無意識就是這種景況。祂包含著所有一切。

榮格認爲，這個印象和從天神宙斯的頭頂誕生的，叡智女神雅典（Atena）類似。當然帕拉斯•雅典的處女性太高，因而榮格也舉其他的例子。

那是亞斯基的小說《特洛伊的海倫》中出現的蕩婦。她是數千年前特洛伊的海倫超越時空投胎轉世爲一名蕩婦。這個故事的情節是，主角爲這名蕩婦神魂顛倒，歷經千辛萬苦之後，她的阿尼瑪才露出原形。

仙道所稱的仙女正是這個印象，她不僅具有不遜於男仙人的深奥智慧、領悟力、超能力還兼具女性最高的性魅力。處於這個階段者，可以從祂身上獲傳房中術，同時可一五一十地獲傳其技法。

而西王母可當做是出現在第三或第四階段者的阿尼瑪。換言之，當你的意識尚未達到這個階段時，會出現程度較低的阿尼瑪或假的女性原理。當她一出現，最後你將失去正確的方向，跌入超自然現象的魔鬼世界中。

請不僅注意修行，也要確實看守自己的心，尤其是潛在意識。

真正的房中術仙道所闡明的謎團階段

阿尼姆斯相

阿尼姆斯相是女人內心中無意識的男人性格與形象的一面，可以讓女人盲目迷戀男人。通常是女性對男性所投影的印象。但男性也可以藉此瞭解自身的阿尼姆斯的成熟度，因而在此做說明。

①第一階段（力量的阿尼姆斯）

這是強調男性體魄的印象。運動選手經常成爲這個投影的對象。在學校等團體，運動選手之所以受女孩歡迎，正是起源於此。

②第二階段（行為的阿尼姆斯）

這是由堅強的意志、勇敢的行爲等印象所表現的阿尼姆斯相。會令女性想起值得倚賴的男性模樣。

③第三階段（語言的阿尼姆斯）

這是以理智的語言讓自己信服的印象。經常投影在教授或牧師等人物上。祂是知性的阿尼姆斯。但是，這些特質雖具理性卻顯得冷淡，最好的型態是與第二階段的阿尼姆斯融合。

④第四階段（意義的阿尼姆斯）

由理論性的思考、深奧的智慧等所表現的阿尼姆斯相。祂是有向上心的女性熱烈追求的對象。

總之，這是女性投影在男性的阿尼姆斯，若是男性，最好根據自己所追求的阿尼瑪相，圖謀提高自己的意識狀態。我們可以說，所追求的阿尼瑪相越高，你的阿尼姆斯也會跟著提升。當阿尼瑪或阿尼姆斯相的程度達到頂點時，從事房中術或鍊金術者，漸漸會開始統合這兩個原理。

某些人也許只是意識上的變化。但是，某些人卻會出現擁有男、女容貌的印象，進行統合。

當這個統合在你的身上完成時，你一定會進化成不死的存在。

男性原理和女性原理統合為一時，會出現神聖的兩性兼備者。在西洋鍊金術上，有如上圖的形象。而仙道與此相當者，則是所謂陽神的不死存在。

在仙道上，是以陽神的印象表示這樣的存在。如果培育它（歷經數年），不久會穿過頭頂自由出入於外界，這就是出神。以下是其用語的詳細區分。

陽神　吞服大藥所發生的氣的胎兒。其實是大藥所變化。

出神　陽神從身體出入的行爲。可做以下的區別。

煉神　形成陽神的過程。

出神　陽神脫離至體外。

收神　陽神回到體內。

養神　陽神出入的同時，給予強化、培育。

祂起源於古代的巫術、中國的通靈術。也許這是把通靈者的魂魄從身體出竅，飛翔於天空的技巧，發展成一種修行。不過，我們也無法否認，它深受西藏密教的頭頂開的影響。因爲西藏密教也實行開頭頂使魂出入的技法。

當陽神充分地孕育後（三年左右），則進入下一個階段——還虛。

所謂「虛」，是指修爲達到個體生命與宇宙生命合二爲一的境界。還虛，是指將孕育而成的陽神藏在體內，讓肉身有如陽神般處於只有氣的狀態下的訓練。利用陽神所具有的力量，據說可以達到這個境界。

最後，肉體陷入精妙的狀態，在此狀態下慢慢變化爲不死的存在。仙道稱此狀態爲氣化。也有因這個期間一直保持靜坐，而將這個階段稱爲面壁九年。

這是多數金丹道（內丹法）的著作所記載的過程。但我卻略有疑問，因爲其中的佛教氣息太濃。

所謂面壁九年或還虛合道（佛敎所謂的空），正是佛教的思想。與其說是通靈術的涵義，毋寧帶有西藏密教頭頂開的濃厚要素。因爲它和大周天密教瑜伽的肯達里尼成雙配對。

出神（頭頂開→密敎）、面壁九年（禪）、還虛合道（偏向佛教的老莊），再怎麼看似乎都是基於佛敎教理的階段而脈絡相承。

若說明其緣由，一點也不難。因爲金丹派中有多數人是禪僧或佛教的修行者。如王重陽、張紫陽、柳華陽皆是。

就連伍柳派、東派、西派、青城派等各派，也深受西藏密教的影響。甚至承襲伍柳派系統的閔小艮派，還將中脈（肯達思尼）、七輪（七個導師）應用在修行上。

換言之，我們所實行的金丹派的仙道，有可能是利用仙道的佛教修行。

那麼，眞正的仙道到底爲何？其答案之一，個人推測是本書所說明的房中術或類似西洋的鍊金術。

個人以爲，眞正的房中術仙道，並沒有前述的作爲，而是利用男性原理和女性原理的合一，直接搖身一變爲不死的存在。至少閱讀古代的仙人傳，令人有這樣的感覺。鍊金術師的情況也完全一樣，因此，它極有可能才是主流派。

卽使退讓百步仍然有關係的是，頂多是在出神以前的階段。但這與其說是爲了佛教性的解脫，毋寧是爲了意識從身體脫離或飛翔至天空。

換言之，我的結論是，利用筆者在此陳述的阿尼瑪、阿尼姆斯的方法，並配合意識的變化及煉丹、鍊金等印象技法，卽能達成仙道最深奧的階段。

果眞如此，男性原理和女性原理統合的人，以後的景況如何呢？有關這個問題，各種著作上都有暗示。像富爾卡內利或古代的仙人，會有一段時間在人間生活，並傳授弟子們道義。不久，他們的肉體、精神狀態達到更高的階段時，

突然從人前消失而不知蹤影。

閱讀仙人傳，卽可發現常有這類景況的描述。據說某位仙人，在大白天於衆人之前升天而消失，這稱爲「白日升天」。又有另一名仙人，突然失去蹤影，這稱爲「失蹤」。也有曾經死去的人，但是，據說再次檢查屍體時，只有留下衣服與枴杖在棺內，這稱爲「屍解」。以上是俗人眼中所見的仙人臨終，但仙人眼中所看到的是卻是以下的景況。

以屍解的情況爲例。譬如，費長房仙人跟隨師匠壺公前往仙道修行時，接獲師匠傳遞一枝竹杖，且受令放置於床上。費長房依師匠所言將竹杖一擺，他的家人發現費長房已死在床上而嚎哭不已，並開始準備葬禮。費長房看此景況而離開家……。

從以上的說明各位應該明白仙人臨終是什麼樣的景況了。爾後當然是邁向更深奧的修行。

根據雲遊子這位著名仙人所言，出神後卽使肉體陽神化，也不容易處於還虛的狀態，因此，必須前往持有這種狀態的特殊場所繼續修行。這是所謂洞天福地的場所，停留在該處吸收該地的熱能五百年，如此潛心修行才能進入還虛，即不死的狀態。

何謂洞天福地？事實上這是風水所稱的龍穴的一種，是靈秀的地氣湧起之處。據說唯有利用這樣的場所才能完成仙道。

有趣的是，西洋的魔法也有一般的肉體狀態無法實行的訓練法，唯有變成靈體後才能實行。同時，人類學家卡魯羅斯・卡斯塔尼達的著作中也記載著，阿茲特克人的金字塔中，出現以靈體狀態進行修行的咒術者。據說他們利用金字塔內的能量，做程度更高的修行。

以上的構想都有其共通之處，頗令人玩味。其中尤以仙道的方法，更能刺激我們的想像。因爲大地就是女性原理。易稱爲坤（母）。

換言之，咒術師以靈體修行的傳說，意味著房中術的修行者，以人間爲對象的修行完畢後，接著將進行以天地爲對象的房中術。這和擁有房中術最高秘法的青城派所主張的「採補之道，非房中家之採陰，採陽之事。而採天地之氣以補我之氣，採天地之精，以補我之精採天地之神，以補我之神。因天地之化，以造化之化……」的技法完全吻合。

當然，這一節文章所談到的是非常初步的意義，但走到房中術觸礁的階段時，它卻出人意外地成爲解開最深奧修行的關鍵。

由此可見，房中術是莫測高深的。衷心祈願各位，傾注全神全靈在這個充滿著謎團的修行上，並到達最高的境界。

後序

房中術的學問，在仙道中尤其困難。因爲一般對它的說明方式都帶著相當玄妙而深奧的筆觸。如果閱完本書後仍有不得其門而入之感，希望各位不要質疑本書的問題，而當做是房中術的問題。

事實上，艱深難懂並不只有房中術而已。一般的仙道也大同小異，各位不妨試試閱讀單修法的原著。就連小周天等稀鬆平常的項目，其說明也一連串地使用易、煉丹術的用語，令人搞不清楚寫些什麼。

但是，我刻意用淺顯的方式介紹仙道，讀者可能因此以爲仙道簡單易學。老實說，仙道一點也不容易。誠如本書所記載的，它是很難理解的一門學問。

其中尤以房中術更爲艱深。因爲它是屬於仙道中秘傳中的秘傳。但坊間的著作，對房中術倒沒有詳盡的解說。《醫心方・房內》或《素女經》等，只見性愛技法的陳述罷了。頂多是張三豐的《三峰丹訣》較有看頭。而這本書倒有不少以仙道房中術爲名的解說版。我也經常當做參考用書。

不過，從本書所記載的正統房中術（陰陽雙修法）的立場看來，它也只不過是一些不上道者的淫亂房中術。當然，我並非指責它毫無用處。眞正上道的人，譬如已經習得陰陽雙修的人，可能會有相當大的效果。

但是，對這類淫亂房中術的內容感興趣者，通常是連初步的仙道也未曾修行的外行人。因此，只鑽研一般的性愛技巧卻錯覺以爲已經學成房中術。當然，他們自然是與年輕的異性享受其中，因而在開始的一、兩次會因對方帶來的效果而處於相當高昂的狀態。

令人可悲的是，他們錯覺以爲這就是房中術的效果。

既是這樣的景況，不久將變成腎虛，身體狀況遠比實行房中術之前更爲虛弱。到了最後，竟然辱罵房中術毫無效果。

但是，閱讀本書的讀者，應該不會如此荒唐。因爲大家已經瞭解眞正的房中術，是和仙道最神秘的部分息息相關的。

其實，本書並不是談論房中術的著作。而是我對男性原理和女性原理合一的主題抱有極大的關心，爲了追根究柢而寫下本書。

造成寫本書的引爆劑，是西洋鍊金術。我就是從閱讀西洋鍊金術，而統合出自己從事仙道所體驗的一切。尤其是女性原理的現象化，若無鍊金術幾乎無法做說明。鍊金術的著作中有許多表示夢的體驗而記載的男性原理、女性原理人格化的故事。

當然，仙道也有許多仙人、仙女出現的話題。但是，未曾看過神秘行的訓練流程中，做爲體系一環所介紹的故事。換言之，那些故事毫無脈絡可尋。因此，沒有人察覺它是修行上重要的角色。

而讓我察覺到這一點的是鍊金術。不過，若要把它用文字記載下來，往往被人和超自然現象、宗教現象混爲一談，因此，在書寫之前頗爲猶豫。

但是，這個問題也在鍊金術及榮格的理論下突破瓶頸。到此，我所經歷的神秘體驗，終於能夠曝光見日了。誠如第三章的最後所記載，老子將女性原理的體驗稱爲玄牝。簡言之是神秘的雌性。所以，他也知道這是女性原理。

如果將體驗的世界當做是仙道內功（內丹）的各種體驗，所獲得的結論便是，仙道本身就是房中術。各位是否覺得這個論理精湛絕妙呢？一般人以爲只是性愛技巧的房中術，事實上是仙道神秘體驗的內容，而它和老子的世界，甚至西洋鍊金術的深奧世界是一樣的。

「賢者之石」——事實上它就是房中術技法的成果。

啊，這可不是令人震驚的結論嗎？就連我自己也有千古絕唱之感……。

懇請各位也能活用這個神妙的技法，衷心期待大家都能擁有古代仙人或中世西洋的鍊金術師所追求的，最高的叡智與神通。

高藤聰一郎

仙道鍊金術房中法

原 著 者｜高藤聰一郎
編 譯 者｜賴郁珊

發 行 人｜蔡孟甫
出 版 者｜品冠文化出版社
社　　址｜台北市北投區致遠一路 2 段 12 巷 1 號
電　　話｜（02）28236031 · 28236033 · 28233123
傳　　真｜（02）28272069
郵政劃撥｜19346241
網　　址｜www.dah-jaan.com.tw
電子郵件｜service@dah-jaan.com.tw

登 記 證｜北市建一字第 227242 號
承 印 者｜傳興印刷有限公司
裝　　訂｜佳昇興業有限公司
排 版 者｜ERIC 視覺設計
2 版 1 刷｜2015 年 2 月
3 版 1 刷｜2025 年 1 月

定　　價｜300 元

國家圖書館出版品預行編目（CIP）資料

仙道鍊金術房中法／高藤聰一郎著；賴郁珊編譯，
——初版——臺北市，品冠文化出版社，2015.02
面；21 公分——（壽世養生；21）
ISBN 978 - 957 - 557 - 671 - 4（平裝）
1.CST: 房中術
235.4　　86000418